超一流人物に学ぶ

人を惹きつける力

向谷匡史

栗林忠道
大沢啓二　北野 武
良寛　盛田昭夫
吉田秀雄
佐々木則夫
小出義雄
今村 均
秋山好古
清水次郎長
田中角栄
仰木 彬
松下幸之助　新浪剛史
土方歳三　澤 穂希
吉田松陰　山本五十六
本田宗一郎　真田幸村
永守重信
土光敏夫
高橋紹運
親鸞
石原裕次郎
佐治敬三　坂本龍馬
浜口雄幸　星野仙一
上杉鷹山

KKベストブック

文中人物の敬称は略させて頂きます。また、
本文中の引用・参考文献は巻末に記します。

まえがき

「人を惹きつける力」――この一語で、人生は決まる。

万言の理屈も、千言のセオリーも、「人を引き惹きつける力」にはかなわない。心底、惹かれた相手ならば自分の人生をさえ懸けてみせる。これが感情の生き物たる人間の実相であり、「心酔」は「打算」を凌駕して心を動かす。

目次を見ていただきたい。超一流と呼ばれる彼らは、なぜ魅力的なのか。なぜ、彼らは人生において勝者となり得たのか、なぜ、彼らは後世に語り継がれるのか――。その源泉こそ、「人を惹きつける力」にほかならない。

では、「人を惹きつける力」とは何か。

その答えを解き明かすために書いたのが本書である。超一流の人間たちがいかに考え、いかに処し、そして人望を得て偉業をなしたか。「人を惹きつける力」の本質を理解し、人間関係術に活かしていただければ幸いである。

向谷 匡史

『超一流人物に学ぶ　人を惹きつける力』目　次

〈第1章〉人を惹きつける「思考」

〈第2章〉人を惹きつける「品性」

〈第3章〉人を惹きつける「気概」

〈第4章〉人を惹きつける「人生観」

〈第1章〉　人を惹きつける「思考」

情と非情、叱責と称賛、利と害――。人の心は表裏の振幅に翻弄され、引き込まれ、心酔へと転じていく。思考とは、表裏を行きつ戻りつする振幅の舵取りを言う。

清貧

良寛（一七五八〜一八三一）僧侶

人間社会は不条理である。

そのことを憤《いきどお》るほど若くはなくとも、世間のしがらみに本心を隠し、世渡りのために笑顔をつくろいながら、木の葉が沈んで石が浮くような現実に暮らしていると、いったい何のための人生かと自分を嫌悪することがあるのではないか。

そんなとき、良寛《りょうかん》の詩歌が胸に迫ってくる。

生涯身を立つるに懶《ものう》し
騰々《とうとう》として天真に任す

「生まれてこのかた、世間でいう立派な人となることは気がすすまず、自然のままに過ごしている」――という意味で、禅僧として「印可《いんか》の偈《げ》」を授かりながら、世俗の名利《みょうり》に背を向け、越後国上山《くがみやま》の草庵に隠棲した良寛は解脱《げだつ》の境地を詩歌に託す。あるいは烈日の夏、厳寒の冬を友として自然のなかに心を遊ばせ、食べ物が尽きれば里へおりて民家の軒先を托鉢して歩く日々を、《優游復優游《ゆうゆうまたゆうゆう》》と詠む。《優游》とは「ゆったりしていること」の意で、

「無一物で草庵に暮らし、世俗の一切にとらわれることのない日々は、ただ優游としか言いようがない」

という意味になる。

自然に囲まれた草庵の生活を無上の喜びとする――これが良寛の「清貧」であり、良寛が私たちを惹きつけてやまないのは、この生き方にあるのではないか。

私はかつて、良寛が暮らした国上山の草庵を訪ねたことがある。山腹に立つと正面に佐渡島、左手には歌手ジェロのデビュー曲『海雪』の舞台となった出雲崎を望む――と記せば、おおよその位置がわかっていただけるだろう。

草庵は五合庵《ごごうあん》と呼ばれ、間口二間の奥行九尺。六畳ほどの広さで筵敷《むしろしき》、戸口は菰《こも》すだれ

という粗末なもの。冬ともなれば積雪は一メートルを超えたというから、身を切るようなすきま風のなかで座禅を組み、詩句を詠んだことになる。四十七歳で帰郷してから十余年を、良寛はここで過ごす。

だが、ビジネスという戦場で日々を戦っている私たちは、良寛にあこがれようとも、良寛のような暮らしをすることは不可能だ。自然のなかに心を遊ばせるどころか、スケジュール帳を睨らみながら忙しく働いている。出世もしたいし、お金儲けもしたい。それを煩悩と呼ぶなら、私たちはまさに煩悩の塊ということになるが、そのことを承知した上で「良寛が私たちを惹きつける力」――すなわち「清貧」という処し方が人の心を揺さぶるということは、人間関係において心にとどめておきたい。

一八一九年、良寛が還暦を過ぎたころのことだ。長岡藩主・牧野忠精《まきのただきよ》が五合庵に良寛を訪ね、長岡に寺を建立して良寛を招聘したいと告げる。忠精は幕閣の要職を歴任した譜代大名で、藩政改革に手腕を発揮するなど名君として知られるだけに、隠棲する良寛の徳を惜しんだのだろう。

だが、寡黙な良寛は一言も発しない。穏やかな表情で忠精の話を聞いていたが、聞き終わると、やおら傍《かたわ》らの筆を執ってさらさらと一筆し、慎んで差し出した。

焚くほどは　風が持てくる　落葉かな

「煮炊きするくらいは、風が運んでくれる落ち葉で十分間に合います」という意味で、「粗末な庵ですが、私は満ち足りて暮らしています。せっかくですが、お寺は建てていただかなくて結構です」

というメッセージであり、この句を見て忠精はうなずき、良寛の人格に深く惹かれたという。たとえそれがチャンスであれろうとも、人間関係においては、良寛のように「好意は甘えぬうちが花」という処し方があることも、併せて心にとどめておきたい。

あるいは一八二八年十一月、死傷者三千名超という大地震が三条（現・新潟県三条市）を襲ったときのこと。良寛は知人の身を案じて手紙を出すのだが、そのなかに、よく知られた次の一節がある。

災難に逢う時節には災難に逢うがよく候
死ぬ時節には死ぬがよく候
是はこれ災難をのがるゝ妙法にて候

同情の文言《もんごん》は一語たりともなく、「開き直れ」と檄を飛ばすわけでもない。なるようにしかならないという〝負の諦観〟でもない。淡々と、飄々と「災難に逢うがよい、死ぬがよい」と認《したた》め、それでいて「これが災難をのがれる妙案である」と、矛盾することをさらりと言ってのける。

人生の辛酸を舐めて到達した良寛のさとりの境地であったのだろうが、同情よりも、檄よりも、災難に直面した人の心に響く。矛盾であってもかまわない。理屈にとらわれず、気負わず、思うところを本音でさらりと口にしてこそ、相手は腑に落ちて納得する。良寛が人を惹きつける理由の一つは、ここにもあるのだ。

部下と運命を共にした指揮官

栗林忠道（一八九一～一九四五）　硫黄島守備隊総指揮官

――太平洋戦争において、日本軍人で優秀な指揮官は誰か？

アメリカの軍事史研究家にそう質問すると、「General Kuribayashi」――硫黄島で玉砕した司令官・栗林忠道《くりばやしただみち》大将の名前を挙げる人が多いと言われる。栗林の名前は映画『硫黄島からの手紙』（二〇〇六年）が大ヒットするまで、日本ではさして知られていなかったが、アメリカではその能力が高く評価されているのだ。

戦争末期、硫黄島は日本軍二万二〇〇〇名が死守していた。面積はわずか二十二平方キロメートルに過ぎないが、ここを陥落させればB29による日本本土空爆が可能になるため、米軍は海兵六万一〇〇〇名、艦船八百隻を投入して上陸を敢行する。日本軍はすでに補給線を断たれており、「五日間で落とせる」と米軍は考えていた。

ところが日本軍は三十六日間を持ちこたえた。米軍の死傷者二万八六八九名（戦死六八二一名）に対して、日本側の死傷者二万九三三名（戦死一万九九〇〇名）。死傷者の数で、米軍は上回ったのである。「硫黄島の砂は血を吸いこんで赤黒く変った」とまで言われた〝地獄絵〟の戦場であった。ベストセラー『硫黄島の星条旗』を書いたジェームズ・ブラッドリーは、栗林を評して「アメリカを最も苦しめ、それゆえにアメリカから最も尊敬された男」と称賛する。

栗林は、硫黄島の日本軍すべての兵士に「ここで死ね」と告げ、硫黄島を守ることは本土決戦と同じである——とその意図を明かしている。「死ね」と命じてなお、兵士から慕われ、信望を得た栗林忠道大将とは、いったいどんなリーダーであったのか。

一八九一年七月七日、長野県埴科郡西条村（現・長野市松代町）に生まれる。実家は戦国時代から続く郷士だ。学業優秀で、長野中学（現・長野高校）に進んだ栗林はジャーナリストを志望し、上海東亜同文書院を受験して合格する一方、陸軍士官学校にも合格していた。迷った末、教師の勧めに従って陸軍士官学校に入学する。人生に「もしも」を問うのは意味のないことだが、当初の希望どおりジャーナリストの道を歩んでいたなら、戦史は大きく書き換えられたに違いない。

陸軍士官学校から陸軍大学に進み、次席で卒業するが、決して陽の当たる道とは言い難いものだった。出身が陸軍幼年学校でなく、一般中学であったことから、引き上げてくれる上官がいなかったこともあったのだろう。あるいは、大使館付の駐在武官としてアメリカに勤務した経験から、栗林は同国の国力を知り抜いており、対米開戦に批判的であったことが軍上層部にうとまれたということも考えられるだろう。いずれにせよ、硫黄島の総指揮官を務めることがなければ、その名は歴史に埋もれていたはずだ。

一九四四年六月、陸軍中将だった栗林は硫黄島防衛の任務に就いたことで、歴史の〝回り舞台〟が動き始める。サイパン、テニアン、グアムが陥落して敗戦濃厚となったことから、栗林の任務は終戦交渉の時間稼ぎのため、米軍を硫黄島にクギ付けにすることであった。もはや日本が戦争に勝つことはない。いかにすれば一日でも長く持ちこたえることができるか。必敗・必死の戦いであった。だから栗林は全軍二万二〇〇〇名の兵士に対して「ここで死ね」と告げ、覚悟を求めたのである。

実は、栗林は〝安全地帯〟にいて指揮を執ることもできた。彼は小笠原方面最高指揮官であり、硫黄島から二百七十キロほど日本寄りの父島に設備の整った司令部があったからだ。ところが、栗林はこれを最前線となる硫黄島に移した。「指揮官は部下と運命を共にする」という信念がそうさせたのだった。

身を焦がすような暑さと水不足という過酷な環境にあって、栗林も兵士と同じ量の水しか口にせず、耐えた。食事も兵士と同じものを食べ、将校の特権を認めなかった。入院した兵がいれば、みずから車を運転して軍病院に見舞った。最前線にあって、総司令官の中将が兵士を見舞うなど前代未聞のことであった。「この人となら死んでもいい」と覚悟するほどに兵士たちは心酔したことだろう。

情に篤いことに加え、後世の軍事史研究家が栗林を称賛するのは、徹底したリアリストであったことだ。負け戦ではあるが、二万余名もの兵士を〝犬死に〟させるわけにはいかない。栗林は「バンザイ突撃」による玉砕を禁じた。「生きて虜囚の辱めを受けず」という日本陸軍伝統の美学はヒロイズムであって、軍人の執るべき作戦ではないというわけだ。自分たちの使命は戦局を可能な限り長引かせること。生き延び、徹底抗戦してこそ軍人としての使命が果たせることになる――それが栗林の考えであった。

大本営は、敵上陸部隊を水際で叩くという水際作戦を指示したが、栗林はこれを拒否して独自の戦法をとる。地下に坑道を掘り、これを〝地下要塞〟とする作戦で、米軍を上陸させておいてから攻撃するというものだ。サイパン、テニアン、グアムでの水際作戦がことごとく失敗していることから立案した。大本営と激しいやりとりがあったが、栗林は一歩も引かなかった。かくして、全長十八キロに及ぶ坑道を人力で島内に張り巡らせたのである。

一九四五年二月十六日、米軍は上陸に先立ち、三昼夜にわたって同島を猛爆撃をした。爆弾七百トン、砲弾五〇〇〇トン。地形が変わるほどの攻撃だったが、日本兵は地下の坑道で耐えていた。そして二月十九日朝、米軍が上陸し、日本軍の反撃に遭って大混乱に陥るのであった。

こうして三十六日間を持ちこたえた三月十七日、栗林は訣別電報を大本営に打電する。

戦局　最後の関頭に直面せり
敵来攻以来　麾下《きか》将兵の敢闘は
真に鬼神《きじん》を哭《なか》しむるものあり
特に　想像をこえたる物量的優勢をもってする
陸海空よりの攻撃に対し
宛然《えんぜん》　徒手空拳をもって　よく健闘を続けたるは

小職みずから　いささか悦びとするところなり（以下略）

この電文を受け取った大本営は戦時昇進として、栗林を陸軍大将に昇進させる。五十三歳。日本陸海軍において最年少の大将であった。

栗林忠道の最期はわかっていない。大本営に訣別を告げる最後の電報を送ったあとも戦い続け、最後はみずから突撃して戦死したと伝えられる。兵士と共に突撃して死んだ指揮官は、陸軍の歴史の中で栗林のみであった。

この潔さに、後世の私たちは惹かれる。まして、死地において、栗林に命を預けた兵士たちにしてみれば、なおさらであったろう。

ビジネスという戦場においても、同じことが言えるのではないだろうか。冷徹な現状分析、リアリスト、公正さ、部下を思いやる心と潔さ……。人を惹きつける指揮官の魅力は、軍人もビジネスマンも同じであることを、栗林忠道は私たちに教えてくれるのだ。

〝広告の鬼〟の叱責と寛容

吉田秀雄（一九〇三～一九六三）電通社長

「智に働けば角が立つ、情に棹《さお》させば流される」とは、よく知られた夏目漱石『草枕』の書き出しだ。「理知的でいようとすると人間関係に角が立って生活が穏やかでなくなり、情を重んじれば、どこまでも感情にひきずられてしまう」という意味で、人間関係の難しさを漱石は一言《いちごん》で喝破してみせた。

これをトップの処し方として読み解けば、知は「叱責」、情は「寛容」に置き換えられる。部下のケツを叩けば当面の成果は出るだろうが、人望は得られず、結果として強い組織は育たない。反対に、何事も大目に見て寛容な態度で接すれば組織のタガは緩み、当面の成果さえもあらわれまい。寛容さによって人望が得らると考えるのは大間違いで、それは単に部下から侮《あなど》られているに過ぎないのだ。

部下の心を惹きつけるトップとは、「叱責」と「寛容」のどちらにも片寄ることなく両者を合わせ持ち、かつ両者の振幅が大きい人間を言う。叱るときは鬼の如く、寛容をもって赦《ゆる》すときは仏の如く——ということだ。鬼と仏の間を行きつ戻りつする振幅を「人間の器」と言い、器が大きければ大きいほど、引き込まれる部下の数は多くなる。

その典型とも言うべきトップが、電通第四代社長の吉田秀雄《よしだひでお》だ。「電通は俺だ、俺が電通だ」という言葉からもうかがえるように、広告というビジネスに全人生を懸け、「広告の鬼」と呼ばれた。

一九〇三年十一月、福岡県の小倉生まれ。小学校時代に父を失い、苦学して東京帝国大学経済学部を卒業し、電通の前身である日本電報通信社に入社。そして一九四七年六月、先代社長の上田碩三がGHQ（連合国軍最高司令官総司令部）より公職追放になったため、四十三歳の若さで社長に就任する。広告取引システムの近代化に努める一方、社員に対して軍隊的な行動規範「鬼十則」を作るなど電通発展の基礎を築く——。吉田のプロフィールを短く記せば、そういうことになる。よく知られた「鬼十則」は一九五一年八月、電通の創業五十一周年を機につくったものだ。半世紀以上がたったいまでも、仕事に取り組む姿勢としてだけでなく、人生訓として多くのビジネスマンが座右の銘とする。

一、仕事は自ら創るべきで、与えられるべきでない。
二、仕事とは、先手先手と働きかけていくことで、受け身でやるものではない。
三、大きな仕事と取り組め、小さな仕事はおのれを小さくする。
四、難しい仕事を狙え、そしてこれを成し遂げるところに進歩がある。
五、取り組んだら放すな、殺されても放すな、目的完遂までは。
六、周囲を引きずりまわせ、引きずるのと引きずられるのとでは、永い間に天地のひらきができる。
七、計画を持て、長期の計画を持っていれば、忍耐と工夫と、そして正しい努力と希望が生まれる。
八、自信を持て、自信がないから君の仕事には、迫力も粘りも、そして厚味すらない。
九、頭は常に全廻転、八方に気を配って、一分の隙もあってはならぬ、サービスとはそのようなものだ。
十、摩擦を怖れるな、摩擦は進歩の母、積極の肥料だ。でないと君は卑屈未練になる。
創立五十一周年記念式典で挨拶に立った吉田は、「仕事のためにはすべてを食い殺せ、広告のためには何ものも犠牲となし、踏み台にせよということである」と社員たちに檄を飛ばす。そしてさらに、「鬼十則」をつくった一年半後、吉田は業務遂行に対する責任ということについて、次の「責任三カ条」を社員に配布する。

一、命令、復命、連絡、報告はその結果を確認し、その効果を把握するまでは、それを為した者の責任である。その限度内における責任は断じて回避できない。

二、一を聞いて十を知り、これを行う叡智と才能がないのならば、一を聞いて一を完全に行う注意力と責任感を持たねばならぬ。一を聞いて十を誤る如きものは百害あって一利もない。正に組織活動のガンである。削減せらるべきである。

三、われわれにとっては形式的な責任論はもはや一片の価値もない。われわれの仕事は突けば火を噴くのだ。われわれはその日その日に命をかけている。

まさに「鬼」となって社員のケツを叩き、牽引し、今日の電通をつくりあげていく。

一九六一年、広告の国際的発展に貢献した功績により、国際広告協会（ＩＡＡ）からマン・オブ・ザ・イヤー賞を受賞。世界の広告業界から注目された。

そんな吉田を評して「古きよき時代の日本男児らしい厳しさと、豪放磊落さを備えた人」と言われるが、「鬼」であるだけでは、ここまで組織を発展させることはできまい。吉田が部下たちを惹きつけた魅力は、鬼のほかにもう一つ「仏」の顔を持っていたからだ。

仏の顔の一つは、昼間、叱りすぎた部下へ贈り物をすることだ。その贈り物は、代々木や銀座の一流テーラーで仕立てた背広が大半で、土蔵の内部を改装して二百着ほどが用意されていた。すべて新調したものだが、吉田の気配りは、そのほとんどに吉田自身が一度は袖を通していることだ。その理由を、ノンフィクション作家の舟越健之輔は『われ広告の鬼とならん』（ポプラ社）で、こう書いている。

《一度袖を通した背広を贈るのは、武将の形見物のようである。強い生命のようなつながりがあることを意味していた。「お前とおれとの信義」であった。》

背広のほかに靴が約百足、ゴルフ用具が約五十セット用意されていたと、同書は紹介している。プレゼントは吉田の〝打算〟ではなく、部下を思う気持ち、部下の喜ぶ顔が見たいというやさしさからではなかったろうか。モノで人の心がつかめると考えるほど吉田は甘い男ではあるまい。経営者としては「鬼」であっても、人間としての素顔は「仏」。この振幅の大きさに、部下たちが惹きつけられていったのである。

「経営の鬼」という言葉には、「血も涙もない」というニュアンスがある。創立五十一周年記念式典で吉田は、「仕事のためにはすべてを食い殺せ、広告のためには何ものも犠牲となし、踏み台にせよということである」と社員たちに檄を飛ばしている。だが、この檄の対極に位置する「俠気」が、吉田には具わっている。ドライに見えて、吉田にはウエットな部分があり、この振幅もまた魅力の一つなのだ。

こんなエピソードがある。あるとき、得意先の三共製薬が窮地に立ち、その波紋が電通に及びかけたとき、吉田は全社員にこう言ったという。

「三共さんは永い間のお得意さんである。もしひっかかって万一のことがあっても、それで電通がつぶれる事もあるまい。もちろん大きな損害と痛手は、こうむろう。しかし、考えてもみよ、人が弱目の時逃げる事こそ、常々の道義をわきまえぬ仕方だ。かりにそれで電通がつぶれたにせよ立派に世間に筋道は通る。こういう時にともに苦しんでこそ、本当の代理業である。心配するな。今危急のときにあるお得意さんにもっとも大切な資金といえば広告だ。広告をとめることこそ致命的だ。逃げてはならん。むしろ一層その手足となって協力しなければなるまい」（片柳忠男著『広告の鬼・吉田秀雄』オリオン社）

鬼となり、仏となって部下たちを魅了した吉田は、一九六三年一月二十七日、五十九歳という短い生涯を駆け抜ける。

角栄流「人心収攬術」

田中角栄（一九一八〜一九九三）政治家

「総論において悪」「各論において善」――。田中角栄《たなかかくえい》の半生をたどると、そんな結論に行きつく。

角栄の人心収攬術《じんしんしゅうらんじゅつ》をテーマとした拙著『人は理では動かず情で動く』（ベストブック）の執筆に際し、多くの資料に目を通すと、評価は「金権政治に対する批判」と「情の篤さに対する人間的魅力」の両極端に分かれている。どちらも正しい。このことから、人間とは「悪」と「善」とが同居する矛盾した存在である――といった視点が当初はよぎったのだが、角栄の半生をトレースし、エピソードの一つひとつに思いをめぐらせていくうちに、冒頭の「総論において悪」「各論において善」という角栄論に至ったのである。

たとえば、戦争ということを考えてみたらわかりやすい。戦地で敵兵を射とうとして思いとどまったとする。敵兵は「命の恩人」として感謝する。戦争は「総論において悪」であっても、敵兵の命を助けたことは「各論において善」ということになりはしないか。

あるいは、不良に襲われたところを、ヤクザ親分に助けてもらったとする。ヤクザは社会の敵であり、存在そのものが「悪」とされる。「そんなヤクザ親分に礼なんか言えるか」とは思わないもので、「助かった」――と感謝の気持ちをいだく。ヤクザそのものは「総論において悪」だが、この親分が取った行動は「各論において善」ということになる。

角栄も同じではないか。

高等小学校卒で、土建屋から叩き上げて政治家になった。角栄自身が語っているように、学歴も閨閥もない人間が政界でのし上がっていくには、金の力に頼るしかなかったということだ。金のバラまきが金権政治として批判されるわけだが、そのお金は、諸々の事情で金銭的に困っている政治家にとっては〝干天の慈雨〟になる。金権政治が「総論において悪」だからといって、それによって助けられた政治家は角栄に感謝こそすれ、批難することはない。

そして――ここが重要なところだが――角栄の手法を金権政治と批判はしても、角栄が傑出したリーダーであったことに異を唱える人はいないということだ。すなわち、いかに総論において「悪」であろうとも、人間関係という各論において「善」であれば、人は惹かれていくということなのである。

角栄の人心収攬術の極意については拙著に詳しいが、ここでは「お金」の視点から、そのエッセンスについて紹介しておこう。人間関係でいちばん難しいのは「お金」を介在とする関係であるからだ。お金をくれてやれば誰もが喜ぶわけではない。渡し方ひとつ間違えれば相手のプライドは傷つき、逆効果になってしまう。面倒を見てやれば、その場では感謝はするだろうが、人間の心は移ろいやすいものだ。感謝を心酔にまでするには、それ相応の処し方というものがある。相手の心をつかみとるリーダーの魅力とは、「各論において善」にこそあらわれることがわかるはずだ。

最盛期の田中邸には年始客が四百人以上もやってくる。政財官界はじめ、選挙区などから入れ替わり立ち替わりで、客には料理と酒がふるまわれる。そして、客の帰り際、

「これ、運転手さんへ」

と言って角栄の秘書が小さな熨斗袋《のしぶくろ》を渡す。「年賀」と印刷され、その下にペン字で「田中」と書かれている。二千円ほどの煙草銭だが、角栄のこの気配りに運転手はもちろん、客も運転手に〝いい顔〟ができるので喜ぶ。たかだか煙草銭と言ってはいけない。人間はこの

〝ちょっとした気づかい〟に感激するのだ。

チップといえば、角栄にはこんな持論がある。

「カネはハダカで渡すな。失礼になる。必ず祝儀袋に入れろ。袋は小さな奴にしろ。大きい袋にわずかしか入っていないのでは、もらってありがたみがない。人間とは、そうしたものだ」

だから、角栄は千円札を三つ折りにして小さな祝儀袋に入れて糊づけし、秘書に持たせた。当時——昭和四十年代の貨幣価値で千円、三千円、五千円の三通りの祝儀袋をつくり、運転手や仲居、下足番、女将など相手に応じて、それぞれ渡していた。

「見当違いの額を渡されたんでは、相手だって困る。逆に、なんだ、これっぽっち、バカにするな、というのでもダメだ」

ここまで心理を読んでこそ、相手の心に気持ちが響き、チップは活きてくるのだ。

借金を申し込まれたとき、角栄は相手が予想している以上の金額を渡した。このことは、私たち自身に置き換えてみればわかる。たとえば、頭を下げて百万円の借金を申し込んだとする。断られればみじめな思いをする。それでも背に腹は代えられない。藁《わら》をもすがる思いで借金を申し込み、相手は快諾してくれただけでなく、渡された包みを開いたら二百万円が入っていた――となれば、どんな気持ちになるだろうか。

借金するときは、断られるのが怖くて、必要とする額のギリギリか少なめに口にする。苦労人の角栄はその心理がわかるからこそ、申し込まれた金額以上を渡し、相手によっては「返してくれなくていい」と告げるのだった。

角栄に潤沢な資金がなければできないことだ。金権政治と言えばそのとおりだ。だが金策に必死の思いで駆けずり回っている人間にしてみれば、〝地獄で仏〟に出会った気持ちであったろう。

札ビラで頬を張るわけではない。頬を張れば、感謝は一転、憎悪に変わる。このことを熟知するからこそ角栄は「カネを渡すときは頭を下げて渡せ」と秘書に厳しくクギを差す。

角栄の秘書で、懐刀として知られる早坂茂三は、次のようなエピソードを明かしている。

昭和四十四年十二月、角栄が自民党幹事長として選挙を采配したときのことだ。軍資金を候補者に届ける人間に、角栄はこう告げる。

「このカネは心して候補者に渡せ。選挙に勝つための弾丸だ。連中はみんな金欠病だが、気位だけは高い。小なりとも一国一城の主だ。ほら、くれてやる、ポン。なんていう気持ちが、お前に露かけらほどもあれば、相手はすぐ分かる。それでは百万、三百万の封筒を渡しても、一銭の値打ちもない。届けるお前が、どうか納めてください。先様に土下座するくらいの気持ちでやれ。カネが生きる」

少年時代から辛酸を舐めた苦労人だけに、お金を与えることの難しさと機微を角栄は骨身にしみて知っていたのだろう。

組織に属する立場の人間も、組織を引っ張るリーダーも、錯綜する利害を丸ごと抱えて生きている。会社のため、組織のため、「総論において悪」という処し方は常についてまわるだろう。だが、「総論において悪」であろうとも、人間関係という「各論」において善は成立する。「善」とは、相手の心を揺さぶる「情」であり、情は人望として周囲の人間を惹きつける。没後二十年以上が経ちながら、国難に直面するたびに「角栄ならどうするか」――という角栄待望論が起こる。金権政治という批判ですら、角栄という人間的魅力の前に消し飛んでしまうのだ。

〝親分〟の「和忍断」

大沢啓二（一九三二〜二〇一〇）プロ野球監督

プロ野球界で「大沢親分」と呼ばれた。直情径行――と言って悪ければ、〝武闘派〟の熱血漢。いや、「瞬間湯沸かし器」と言ったほうが正確だろう。

大沢啓二《おおさわけいじ》の魅力は、ここにある。

いまも語り草になっているのが、日本ハム監督時代、間柴茂有《ましばしげくに》投手に対する〝喝〟だ。西宮球場で行われた対阪急戦でのこと。間柴の不甲斐ないピッチングに、大沢がタイムをとってマウンドへ。「激励に行ったんだな」――と観衆が思って見ていると、なんと大沢がいきなり間柴に蹴りをいれたのである。のち大沢は「ぶつけてもいいぐらいの気持ちでバッターの胸元へ投げてみろ」と〝喝〟を入れたと語っているが、この蹴りには観客も唖然としたのだった。

ところが、それでも間柴はピリリっとしない。〝逃げ〟のピッチングを繰り返す。頭に血が上った大沢は、

「テメエー、この野郎！」

ベンチに引き上げてきた間柴に殴りかかり、ベンチ内を追いまわしたのである。これものち、「俺の眼に狂いはなかった」と大沢が語るように、間柴はやがて投手として開花。一九八一年は十五勝〇敗で勝率一位となる。

あるいは一九九四年、日本ハムが最下位に終わり、大沢は責任をとって監督を辞することになる。そして迎えた最終戦で試合後、「最下位になったのはすべて私の責任です」と言って大沢はファンの前で謝罪するのだが、次第に気持ちが高ぶってきて、その場に土下座してしまうのである。

大沢はこのときの心情を自著『球道無頼』（集英社）に、こう記している。

《俺たちはグラウンドで金を稼ぐ、ならばグラウンドで本気で詫びるのが本当のプロじゃねぇか》《そんなことを考えていたら、こんな謝り方じゃ申し訳ねえ、土下座して詫びるのが筋だと思ってな。それで、グラウンドで土下座したというわけさ》

監督としての成績は通算一五四七試合で、七百二十五勝七百二十三敗九十九引き分け。

「勝ち越して監督生活を終われる人間はそう多くない。名将なんておこがましいが、貯金二か。ちょうどいいんじゃねぇか」という、大沢らしいコメントを残している。

二〇〇一年、私は大沢の著書『できるヤツの和忍断』（双葉社）の制作を手伝ったことがある。サラリーマンをプロ野球選手と同じ個人事業主と考え、成功するための処し方や心構えを〝大沢流〟で説いたもので、目黒区の大沢宅へ何度かお邪魔した。ちなみに、題名の「和忍断」は大沢が座右の銘にしていると聞いてつけたものだ。

「他人を尊重して和すること、和したら我を抑えて耐え忍ぶこと、しかし事に臨めばすべてを捨てて断行すべしということだな」

とその意味について語ってくれたが、「和」と「忍」は何となく〝大沢親分〟の自戒のような気がしたことを覚えている。大沢の魅力は何といっても三番目の「断」にトドメを刺すからだ。

一九三二年三月十四日、神奈川県藤沢市に生まれる。少年時代からヤンチャとして鳴らし、高校に入学したものの、すぐに暴力事件で中退。実兄の世話で神奈川県立商工高等学校に編入し、野球部に入部する。「野球をやらなければヤクザにしかなれなかったかも知れない」と大沢自身が述懐するように、野球との出会いが人生を決める。この年、同校は甲子園に出場する。

「暴力事件を引き起こさなければ、あるいは中退をまぬがれていたら、俺は正真正銘の大沢親分になっていたかもしれない」

と、大沢は笑って言ったものだが、「何が幸いするかわからない」というのは、大沢の半生と魅力を解くキーワードになっている。大沢は、その時々において自分の気持ちに忠実に行動する。これを直情径行と見るか、熱血漢と見るかは人さまざまとしても、打算や計算のない生き方には、ある種の爽快感と羨望をおぼえるのではないだろうか。

高校三年生だった一九五一年夏のことだ。神奈川県大会の二回戦で敗退して甲子園への連続出場の夢は絶たれるのだが、試合後、大沢はトイレで偶然、ゲームの主審をした男性と一緒になる。主審の顔を見るなり、大沢の頭にカーッと血が上る。ゲーム中、「絶対にセーフ」と確信するタッチプレーを二度もアウトされるなど、この球審は神奈川商工に不利な判定をした——という思いがあったのだ。

トイレで鉢合わせすることなく、そのまま帰宅していれば事件は起こらなかった。大沢は球審に暴行したのだ。腹いせではなく、本気で不利な判定をされたと思っていた。だから前後の見境なく暴力をふるい、神奈川商工高は一年間の出場停止処分を受ける。

ところが、ここでも「何が幸いするかわからない」ということが持ち上がる。球審を勤めていた当の男性が大沢の実家を訪ねて来て、立教大学の野球部推薦枠で入学して欲しいと告げるのである。球審は立教大学野球部の関係者で、

「大沢君、キミのように野球がうまくて威勢のいいのがウチの大学に入ってくれれば強くなるんで、ぜひ来てくれ」

と頭を下げたのである。もし大沢が「球審に暴力をふるえば大問題になるので我慢しよう」と自制していたら、立教に進学することもなければ、したがってプロ野球選手になることもない。何が幸いするかわからないという〝人生の不思議〟である。

こうした経歴と一本気な性格の大沢だけに、その真価は、現役時代よりも引退して監督になってからのほうが、より発揮されているのではないか。先の間柴投手の例を持ち出すまでもなく、「大沢親分」という異名こそ、選手たちの大沢に対する信頼と、人望と、カリスマ性の証と言っていいだろう。

かつて大沢宅にお邪魔したとき、リーダー論について、こんなことを語った。

「バッターってな、要は打ちゃいいんだ。ピッチャーは打たせなきゃいいし、ビジネスマンは会社に儲けさせりゃいい。ついでに監督はチームを勝たせればいいんだ」

と前置きして、

「人間は十人十色なんだから、いくら鋳型が正しくても、それにきっちり嵌まるとは限らない。鋳型に嵌めようとするのではなく、それぞれに応じたオーダーメイドの指導法が必要なんだ」

たとえば､気が強い人間に対しては「間抜けッ！　何度言ゃわかるんだッ！」と挑発し、気が弱い人間には「おっ、だいぶよくなってきたな」と、おだてながら指導していくというわけだ。だが、言うは易くで、「鋳型に嵌めない」という指導法は、指導者やリーダーにとってかなりリスキーだ。選手が成長しない理由として、正しいとされる鋳型を持ち出し、「あいつは何度言ってもクセを直さない」とかなんとか言えなくなるからだ。鋳型に嵌めることをせず、個々の資質を見抜いて指導するには、責任を取る覚悟と度胸がなければできなことなのである。

引退試合のあとの土下座──。大沢が選手を引っ張り、ファンの声援を集めた理由は、引退挨拶の途中で思わず土下座して詫びた、あの姿が何より物語っているだろう。

豪放磊落な顔の下

小出義雄（一九三九〜）佐倉アスリート倶楽部代表取締役・監督

二〇〇〇年九月二十四日、シドニー五輪で女子マラソンの高橋尚子がトップでゴールし、日本中がテレビ中継に熱狂したときのことだ。高橋選手がキョロキョロと小出義雄《こいでよしお》監督を探す姿が映し出された。いない。三十五キロ地点にいて高橋の優勝を確信した小出は、ゴール地点に移動する途中で祝杯を上げ、高橋のゴールインに間に合わなかったのである。

豪放磊落――。いや、内心はどうあれ、選手に対して豪放磊落にみせるということは、指導者が取るべき必須の態度だ。私は昇空館という空手道場を主宰しており、選手を試合に出す立場として、このことがよくわかる。小出が魅力の一つとする「豪放磊落な態度」は決して〝素《す》〟ではなく、培ったものに違いない。

こんなエピソードがある。

小出が高校教諭時代、陸上部の監督をしていたときのことだ。駅伝大会前日、選手が小出のところにやってきて、

「先生、明日、ぼくたちは優勝します。大丈夫です。だからこれから、お酒をぞんぶんに飲んできてください」

と告げる。日常の練習では選手の細かいところにまで注意を払うが、いざ試合会場に入ったら選手まかせのほうがよい——という小出の指導法を知っていてのことだったと、小出は自著『育成力』（中公新書ラクレ）に書く。「おう、わかった」ということで、小出はガンガン飲んで翌朝、寝過ごし、選手たちはタクシーに乗って出発していた。

急いで試合会場に駆けつけるが、レースはすでに七区。アンカーに襷《たすき》を渡すところで自校は二位につけている。トップとの差は二百メートル。「この差なら勝てる」と確信した小出はラーメンを食べに出かける。そこでビールを飲んで長居をしたため、高橋尚子のときと同じく、優勝の瞬間には間に合わず、インタビューは選手だけでやることになる。

《試合会場に入ったら、もう指導者は、鷹揚《おうよう》に構えていればいい。指導者が緊張していると、選手を硬くさせる。それはマイナスのほうが大きいとぼくは思う。本会場に入ったとたん、割り切ることだ。試合をするのは選手だ。あとは選手に託す、というくらいがち

ょうどいい。》

と書くが、これは小出の逆説。練習で、もうやり残したことはないというくらいまで仕上げておくことが大切だと、笑い話のようなエピソードに続けてさり気なく記している。この「さり気なく記す」に、私は小出の気づかいと指導者としての真摯な素顔を見る。

小出は千葉県佐倉市の出身で、現在もこの地で佐倉アスリート倶楽部（ＳＡＣ）を主宰しているが、私の住まいも同市にあり、たまたま飲み屋で一緒になったことがある。十五年前――まさに高橋尚子が優勝したシドニー五輪の年で、日本酒「八海山」の一升瓶を抱えた小出は「明日、アメリカのボルダーに出発します」と、すでにご機嫌だった。ボルダーで最終調整をしている高橋尚子と落ち合い、それからシドニーに乗り込むのだという。

このとき、選手の育成法について小出に質問すると、

「高橋（尚子）は褒めるね。だけど、有森（裕子）には、『オレはこう思うけど、どうだろう』とおうかがいを立てて、自分で決めさせる。選手は一人ひとり性格が違うから」

そんなことを言ってから、

「女子選手の指導をしようと思うなら、女性の心理がわからなきゃ無理だね。たとえば飲みに行って、隣にホステスが座ったとするよね。あんた、パッと見て、この女性が口説

けるかどうか見抜ける？　だめ？　そんなことじゃ、女子選手のコーチは務まらないね」と面白おかしく語ってくれたが、さりげなくジョークにまぶしたコーチ哲学に、私は思わず唸ったものだった。

小出は一九三九年四月十五日の生まれ。高校卒業後は実家の農業を手伝っていたが、陸上競技を続けたい一心で苦学し、二十二歳で順天堂大学に入学。箱根駅伝に三年連続出場する。大学卒業後は高校教員となり、一九八六年の全国高校駅伝で市立船橋高校を優勝に導くなど活躍。退職後はリクルート・ランニングクラブ監督、積水化学工業女子陸上競技部監督を歴任し、二〇〇一年六月にＳＡＣを設立する。

陸上競技一筋の人生で、小出は五輪メダリストの高橋尚子や有森裕子をはじめ、千葉真子、宮井仁美、鈴木博美、志水見千子、五十嵐美紀、吉田直美など錚々たる選手を数多く育て上げた。

空手を指導していて私も痛感するのだが、指導の要諦は「選手の信頼をいかにして築くか」――という一点にある。これはスポーツや武道に限らず、リーダーたる者にとって共通するテーマだろう。バルセロナ五輪で銀、次のアトランタ五輪で銅メダルという偉業を達成した有森裕子にかつてインタビューしたとき、リクルート陸上部時代の監督だった小出の指導法を振り返って、こう語った。
《小出監督は、練習では「何分で走れ」なんてことは一切いわないんです。タイムをいうと、私が緊張して走れなくなることを見抜いているからです。「これだけのメニューを最後までやり終えろ。どんなに遅くてもいいから」。そういわれることでどれだけ救われたことか。そのあたりが〝小出マジック〟なんですね。いまでも心に残ってるのは〝せっかく〟という言葉です。「せっかく故障したんだから、しっかり休もう」〝せっかく〟という言葉をつけ加えることで、マイナスをプラスにしてしまう。まさに〝マジック〟でした。》（拙著『夢は叶う』主婦と生活社）

慰めるのでもなく、励ますのでもなく、小出は〝せっかく〟という一語をもってマスナスをプラスに転じ、さらに指導者への信頼につなげる。高橋尚子がケガで世界陸上選手権を棄権し、泣いたときに、小出はこう言って声をかけたと、前出の自著『育成力』に記している。

「Qちゃんな、ケガをしたのはQちゃんのせいじゃない。小出が悪いんだ。でも、もしケガを押し切って出場したら、オリンピックに勝てないよ。これをいい教訓にして、せっかくケガをしたんだから、これから気をつけよう、って思えばいいんだよ」

この棄権があったからこそ、シドニー五輪で金メダルが取れたのだと小出は書く。指導者として、あるいはリーダーとして、豪放磊落な顔の下にここまで細やかな気づかいがあることを見落としてはなるまい。

トレーニングするのは選手自身であり、頑張って仕事をするのは部下自身だ。叱咤して奮い立つほど、人間の心は単純ではない。

「競技は結果がすべてなのであって、そのために考えられる手段は何でもやる。選手は身体を使い、指導者は頭を使う。それが、選手育成の大原則だ」

という小出の名言は、すべてのリーダーが噛みしめるべきだろう。「頭を使え」とは、「部下の心を読んで対処せよ」ということに他ならないのだ。

奇跡の研磨術

永守重信（一九四四〜）日本電産創業者

「惹きつける力」は、「育てる力」と表裏をなしている。人材を育成し、組織を強靱にしてこそ、「惹きつける力」は意味を持つのであって、そうでなければ単に「いい人」であり、「やさしい人」であり、「楽しい人」であるに過ぎない。人材が育つか否か――。超一流の人間と二流のそれは、この一点において歴然と異なる。

永守重信《ながもりしげのぶ》が仲間三人と一九七三年に創業した日本電産は二〇一五年現在で、連結で従業員数九万八四三九人、売上げ一兆二八六億八五〇〇万円。精密小型モーターの開発・製造において世界一のシェアを誇る。零細企業としてスタートした同社を一代でグローバルカンパニーに成長させた原動力の一つが「人材育成」である。一九八四年三月、永守は人材育成のノウハウを『奇跡の人材育成法』（ＰＨＰ研究所）として上梓し、文庫版刊行時の「まえがき」で、次のように記す。

《脱稿は一九八三年の晩秋であった。日本電産を創業した一九七三年七月から数えてちょうど満十年を過ぎたところであり、まさに最も苦しい創業時の五年間とその後の五年間の計十年間の思い出を、主として人材育成面にしぼって執筆したものである。》

創業十年といえば、日本電産が大きく飛躍しようとする節目でもある。だからこそ、本書に書かれた永守の持論は、人材育成の本質——すなわち「人を惹きつける力」というものについて大きな示唆を与える。

まず永守は徹底して「人間」にこだわった。「個人の能力の差というのは、せいぜい五倍くらいだが、意識の差は百倍になる」という持論から、「能力」ではなく「意識」を重視し、いかにすれば将来性のある人材を見抜いて獲得できるか。その方法論に知恵を絞った。当時の日本電産は中小企業であり、採用試験を受けに来る学生は、永守の言葉を借りれば「三流、四流」である。「だからいい人材が集まらないのだ」——と嘆いていたら今日の日本電産はない。

永守はこう考えた。「一流の人が来てくれないのであれば、三流、四流の中から、私たちの評価で〝一流〟の人材を発掘していけばいいではないか」——。そこで、学科試験や常識テストの成績を度外視することにする。点数順に採用するのでは普通の会社と同じであり、これではその会社を追い抜くことはできない。思い切って成績を度外視するという〝逆張り〟である。

《勉強はできないけれど、ほんとうは素質を持っている――磨きをかければ光り輝く意志を石を探そう。そのために、よその会社でやるようなペーパーテストは一切廃止して、まったく独自の方法をあみ出そうということになった》

と、前出『奇跡の人材育成法』に書く。

永守は六年間のサラリーマン時代の経験をもとに、上司、先輩、同僚、後輩について、仕事ができる人間の個性と特徴を洗い出し、次のユニークな採用試験を打ち出すのだ。

一九七六年度　大声試験

一九七七年度　早飯試験

一九七八年度　便所掃除試験

一九七九年度　早い者順試験

一九八〇年度　留年組のみ対象試験

一九八一年度

こうして並べてみると、ユニークというより型破りすぎて、思わず唸ってしまうのではないだろうか。「大声試験」は、用意した文章を受験生に読ませたり、電話をかけさせたりして、しゃべり方、声の大きさなどで可否を決めた。リーダーシップに富んだ人間は声が大きく、相手の目を見てハッキリとしゃべるというのがその理由で、こうした人間は仕事もできるというわけだ。

「『早飯試験』は満点に近い採用方法だった」と、永守は自信をもって前出の自著に書いている。受験生は百六十名。仕出し屋から昼食を取り寄せ、「本試験は一時から隣の会場で行いますので、食べ終わった人は、番号札をもらって隣の会場に移ってください」と告げる。受験生たちには内緒だったが、十分以内に食べ終わった人間だけを採用することにしていた。結果、三十三人が採用されるのだが、これが大正解だったとして自著にこう書く。

《おどろいたことに、早飯試験の順位と会社に入ってからの仕事の成績を対比させてみると、これも奇妙に一致する。多少の誤差はあるが確率はきわめて高い。実際にまわりから見ていても、早飯の人間は仕事も早い。》

「便所掃除試験」は受験生に便所掃除をやらせてみて、どれだけ丹精を込め、気を配って掃除したかを見る。「早い者順試験」は、入社試験の開始時間より早く会場に来た順に採用した。「留年組のみ対象試験」は留年組ばかりを募集し、留年した理由について徹底的に追及し、採用を決めたのである。

こうした選抜方法に是非はあるだろう。だが、「これが自分流なのだ」という信念を貫くマグマのようなエネルギーが、日本電産を世界一に押し上げた原動力であり、人材育成に大きく寄与したことは、まぎれもない事実なのである。

では、こうして採用した〝人材の原石〟をどうやって磨いていくのか。ここからが本当の意味でトップの力量と人格が問われる。永守は徹底して叱った。役職者であっても、みんなの前で怒鳴りつけた。激高のあまり花瓶やガラスを割るのはいつものことで、テレビを数台壊したこともある。永守が怒り出すと女子社員が急いで周囲の物を片づけたという。

真剣になって叱るため、相手の立場や恥など考えない。「わが社の人材育成法は、叱って、怒鳴って、ボロクソにいって、皆の前で恥をかくことによって、闘争心や反発心を呼び起こすという方法である」と言って憚らない。注目すべきは、人前で恥をかかされた人間は一人も辞めないということだ。なぜなら「叱られないことが一人前」ではなく、「一日に五回叱られるようになったら二流、一日に十回叱られるようになったら一人前や」と、永守は折りに触れて社員たちに公言しているからだ。「優秀だから叱られる」——この〝社風〟があるから社員は辞めないのである。

そして、永守のすごいところは、モノを壊すほど怒る一方、こんな細やかな気づかいを社員たちに見せている。「叱責」の対極――「誉める」だ。

当時、昇級時と、夏冬のボーナスを支給するときの年三回、社員全員に自筆の手紙を添えて渡している。しかも手紙の文面は、誉めちぎりである。便箋に二~三枚、社員によっては十枚を超える。そのころ社員はすでに六百名近くになっていたから、大変な作業になる。多忙のため、飛行機や新幹線のなかでも書いた。社員にしてみれば、自分自身はもちろん、自分のことを誉めちぎったこの手紙を、奥さんや郷里の母親に見せることがうれしかったのである。

手紙を書くため、徹底して社員とコミュニケーションをはかったという。永守重信という人物は、ユニークな採用試験と、徹底した叱責がエピソードしてよく語られるが、本質は「人情家」であることがよくわかる。叱責も、誉めちぎるも、結局のところ、「この人間のため」という人情から発している。何事も本気で自分のためを思ってくれてのことだと社員たちが腑に落ちて理解したとき、真の意味で永守に対する信頼感が芽生える。この信頼感が、叱責を超えて人を惹きつけるのだ。

「外見効果」をも熟知する人気経営者

新浪剛史（一九五九〜）サントリーホールディングス社長

二〇一四年五月、コンビニエンスストア『ローソン』の株主総会でのことだ。新浪剛史《にいなみたけし》の社長退任が発表されると、株主として出席していた多くの加盟店オーナーから突如として「新浪コール」が沸き起こり、会場を揺るがした。新浪に発言の予定はなかったが、「新浪コール」に押し出されるようにして登壇。日焼けした顔から真っ白な歯をのぞかせた。

新浪は瀕死のローソンを建て直し、退任のこの年まで十一年連続増収という実績を残している。だが、新浪に対する称賛は、単に「業績」に対してのものではなく、ローソンを支える加盟店オーナーとの絶大な信頼関係によるものと言ってよい。

新浪がローソン社長に就任するのは、二〇〇二年五月の株主総会であった。三菱商事の資本参加を受けての社長人事で、新浪は三菱商事に在籍のまま出向することもできたが、同社を辞して、低迷するローソン社長に就任した。当時、四十四歳。その風貌さながらにバイタリティーの塊でもある新浪は、敢然と退路を断ち切っての決断であった。

ところが、まさに社長に就任した株主総会直後、ローソンの加盟店オーナーが会場となったビルの階段で首を吊って自殺する。当時、ローソンはダイエー傘下にあり、本部の強圧的な指示が問題になっていたが、それに従わないオーナーはイジメ抜かれていた。オーナーの自殺は、前社長に対する抗議であった。

抗議の対象は旧体制であり、新浪に直接的な意味での責任はない。だが、経営トップという立場になった以上、過去も現在も含め、すべての責任を取るという潔さと誠意が新浪にはあった。ローソン社長としての初仕事は、亡くなったオーナーの遺族に対する謝罪だった。新浪は遺族にひたすら土下座した。「加盟店オーナーを最優先に考える」という経営姿勢は、社長に就任するにあたって新浪がもともと持っていたものであるとしても、総会会場での自殺という衝撃が新浪に与えた影響は量り知れないものがあったことだろう。

新浪は全国のオーナー、店長、アルバイトと徹底的な話し合いの場を設けた。一回一時間の対話を一日に四回。それを二週間続け、現場の意見に耳を傾け、ローソンのマネジメントに活かした。こうした経営姿勢が、オーナーからの絶大な信頼につながり、十一年連続増収を成しとげることになる。二〇一四年の株主総会で会場を沸かした「新浪コール」こそ、新浪の持つ「人を惹きつける力」の証左ということになるだろう。

そしてローソンの株主総会から五ヶ月後の十月一日、新浪はサントリーＨＤ（ホールディングス）の新社長として、東京・台場のサントリーＨＤ東京本社で力強く第一声を放つ。

「『やってみなはれ』のスピリットで、ともに挑戦していこう」

浅黒くて精悍な顔、張りがあって明快な語り口、そして大柄な身体をグレーのスーツに包んだ新浪の姿が社内ネットで再生され、社員に〝サントリー改革〟への第一歩を強烈に印象づけた。

新浪のサントリーＨＤ社長就任は、〝サプライズ交代〟として世間の耳目を集めた。「それほどまでに新浪は有能な経営者だったのか」という感嘆の思いと、創業家以外から初めて社長を迎えるという「サントリーの大英断」に注目したのである。

代表取締役会長兼社長の佐治信忠は、代表権を持つ会長に専念することになるが、新浪について「数年前から意中の人物だった」と語っているように、〝三顧の礼〟をもって迎えたとも言われる。新浪がコンビニの海外事業展開で見せた手腕を高く評価しただけでなく、サントリーが〝大企業病〟陥りつつあることに危機感をいだいていたとも言われる。

新浪のチャレンジ精神こそ、サントリーのＤＮＡである「やってみなはれ」に通じるものがあるというわけだ。

新浪の人物像や経営トップとしての実力については、これまで多くの書物や記事で紹介されている。一九五九年一月三十日、神奈川県横浜市生まれ。慶應義塾大学経済学部を卒業して三菱商事に入社。一九九一年五月、ハーバード大学経営大学院修了（ＭＢＡ取得）。ローソンを立て直し、二〇一四年十月、サントリーＨＤ株式会社代表取締役社長に就任。

さらに、経済同友会副代表幹事として五輪招致委員長などを務めたほか、産業競争力会議メンバーを経て、経済財政諮問会議の民間議員にも就いた。二〇一四年二月の東京都知事選挙では出馬の打診も受けている。

「政財界から引っ張りだこの人気経営者」――とメディアが評するように、新浪は能力、キャリアとも傑出しているし、株主総会の「新浪コール」は彼の人格によるものだ。リーダーとして非の打ちどころがないが、「魅力」という視点で見落としてはならないのは、彼の「外見」である。

これは新浪に限らず、人を惹きつける超一流リーダーは例外なく「外見」がいい。イケメンであるとか、おしゃれであるとか、スタイリッシュでカッコいいと言っているのでははない。その人が総体として発する雰囲気――これを「外見」というのだ。

新浪は「外見」が持つ効果を熟知している。たとえば、ローソン社長に就任して一年後、新商品開発のための試食によって、体重が十キロ増の九十六キロになった。その姿を見た社外取締役の奥谷禮子《おくたにれいこ》（ザ・アール社長）が「いまの新浪社長は、はっきり言って見苦しい」と苦言を呈したのである。肥満、顔色の悪さ。これから改革を進めようとする経営者がそれでいいのか――というわけだ。「上に立つ人間は格好よくなければダメ」「健康管理はトップの義務」とまで奥谷は言った。

新浪は感じるものがあったのだろう。週二回、ジムに通い、専門家の指導を受けながら食事制限をして二ヶ月で二十キロを落としたというのだから意志の強さには驚かされる。

ところが、これに奥谷が再びクレームをつける。「いまの顔は、痩せすぎて貧相」「トップは、健康で明るく、常に元気さを発散すべき」――というわけで、新浪は八十キロの体重を維持することに決めるのだった。

これ以来、週二回のジム通いを欠かさず続けている。夜の会合は二次会には出ない。二日酔いでは判断が鈍るというわけだ。精気のない顔にも人を惹きつける力など、あるわけがない。新浪の精悍な顔、張りのある声、明快な語り口、そしてエネルギッシュな雰囲気は、ストイックな日常生活によって培われたものと言っていいだろう。「外見」を意識すれば、怠惰な生活など送るわけがないのだ。

アメリカのビジネス社会では、肥満は出世できないとされる。自己管理ひとつできないような人間は、仕事の管理もできないというわけだ。だが、このことの真意は、肥満そのものにあるのではない。ビジネスは対人関係で成り立っている以上、「外見」ということを意識できないようなビジネスマンは出世もできないというのが正解なのである。

痩身で、枯れたような老人であっても、ここ一番で見せる一流トップの眼光は鋭い。反対に、巨体を揺って豪放磊落に笑って見せても、超一流トップにはつけ入る隙がない。小男であっても、存在感は山の如くである。新浪を見ていると、「外見」ということについて考えさせられるのだ。

スプリングボードになる覚悟

佐々木則夫（一九五八〜）なでしこジャパン監督

佐々木則夫《ささきのりお》監督が一躍注目されるようになったは二〇一一年、ドイツで開催された「ＦＩＦＡ（国際サッカー連盟）女子ワールドカップ」で「なでしこジャパン」を優勝させてからだ。それまで女子サッカーは人気の点でマイナーな存在だったが、世界ナンバーワンになったことで世間の注目を浴びた。人気がブームにまで昇華するには、ファンだけでなく、それまで無関心だった人々が引き込まれることが絶対条件だが、「なでしこ」はワールドカップでの優勝に続いて翌年、ロンドン五輪で銀メダルを獲得し、一大ブームを巻き起こした。

それにつれて、佐々木則夫の指導法に注目が集まる。これまで私たちが抱いてきたリーダー像とは異質であったからだ。戦国武将や軍人、経営者など一流と称賛されるリーダーの多くは、先頭に立ち、カリスマ性で組織を引っ張っていく。ところが佐々木はちがう。組織の先頭に立つのではなく、後方から選手たちを押し出していくのだ。

たとえば初優勝した「FIFA女子ワールドカップ」でのこと。「なでしこジャパン」はグループBでイングランドに負け、二位で通過。決勝トーナメントに進み、準々決勝でホスト国のドイツと対戦する。勝てばベスト4が確定するだけに、どうしても負けられない一戦だが、イングランド戦で負けた選手たちはモチベーションが下がっている。

そこで佐々木は選手たちに二本のビデオを観せる。一本は「なでしこジャパン」の歴史をまとめたもの。もう一本は東日本大震災で被災した悲惨な様子と、荒れたグラウンドで練習している先輩たちの姿だった。「渾身の力で、恥ずかしくない試合をしろ」――という言外のメッセージで、選手たちを奮い立たせたのである。

佐々木は檄の代わりに親父ギャグを飛ばし、いいプレーをしたときは誉め、失敗したり落ち込んだりしときはフォローする。怒声とは無縁で、選手からは「ノリさん」と親しみをこめて呼ばれている。監督としては珍しいタイプだ。だからメディアがこぞって佐々木のリーダーとしての組織操縦法に注目したというわけだ。

だが、メディアも私たちも、佐々木を「女子チームの監督」という目で見てはいないだろうか。ご機嫌を取り、和気藹々《わきあいあい》の雰囲気をつくって選手を引っ張っていくという、いわば〝女子高教師〟のイメージだが、ここに誤解がある。佐々木の数多いインタビュー記事を注意して読むと、指導法や組織運営法について、「女だから」という言葉を彼は口にしていないことに気づく。指導において諸々の配慮はあるだろうが、「なでしこジャパン監督」という肩書きを外して読めば、佐々木の持論は男女の別がないことはもちろん、スポーツという枠を超えてビジネスマン向けのリーダー論になっているのだ。

　では、佐々木の言うリーダー論とは、どんなものか。佐々木は自著『なでしこの力』（講談社）にこう書く。

《コーチの語源は、「馬車」だ。コーチという言葉には、「人をある地点まで送り届ける」役目を担う人、という意味がある。ではコーチが馬車なら、選手はなんだろう。答えは「乗客」だ。間違っても、選手は「馬」ではない。コーチ、つまり指導者の仕事とは、選手を馬のようにムチで叩いて走らせることではなく、乗客である選手たちを目標の地まで送り届けることだ》

　先頭に立って選手を引っ張るのではなく、後方から押し出す——というリーダー論ということになるだろう。言葉を代えれば、選手に高い〝跳び箱〟を超えさせるためのスプリングボードということだ。

カリスマ性で引っ張るリーダーと、スプリングボードになって選手をより高く飛び上がらせるリーダーと、手法は違っていても両者に優劣はなく、自分のキャラと組織の特性を考えて選択すればよい。「素《す》」の自分のままで組織を引っ張っていければ最高だが、それは難しい。組織が個性の集合体である以上、演出は不可欠であり、リーダーとして超一流と二流の差は、組織において自分のキャラをどう活かせばいいかを考え、それを実践できるかどうかにある。

そういう視点で佐々木を見ると、親父ギャグを飛ばしたり、「ノリさん」と呼ばれて親しまれるのは、選手との信頼構築を目指していことがよくわかる。

「選手の能力を、監督の手腕だけで引き上げることはできない」

と考える佐々木は、監督の責務は、若手選手が自分の能力を思いきり発揮できるような雰囲気を常に設定すること――と持論を語る。監督と選手が主従関係になったのでは一方的なコミュニケーションになってしまうため、それだけは避けていると監督哲学を語っている。

だから、フォーメーションについて選手から提案があれば、それについて論じたり否定したりするのではなく、親善試合などでどんどん取り入れる。その一方で、調子を落としている選手や控えの選手に気配りし、「俺はお前を見ているぞ」ということをメッセージする。

そして――ここが佐々木のリーダーとしてのキモだが、ここ一番においては非情な采配を振るってみせる。たとえば二〇〇八年の北京オリンピックで、ベテランＧＫ（ゴールキーパー）の山郷《やまごう》のぞみを代表メンバーから外した。山郷選手は「なでしこ」の精神的支柱でもある。だが五輪チームにはＧＫは二人しか登録できない。佐々木は山郷を補欠にし、若手を抜擢したのである。佐々木は悩みに悩んだ末の判断だったというから、「泣いて馬謖《ばしょく》を斬る」といった心境だったのだろう。

だが、非情さは、それを見せることによって情《じょう》を際立たせる。情に篤いリーダーは「いい人」ではあっても、指揮官としては二流だ。緊張感のない和気藹々は、ただの〝仲良し集団〟に過ぎず、スポーツとビジネスとを問わず、それは戦う組織ではないからである。気づかいや、思いやりが選手の心をとらえ、信頼感へと昇華していくには、リーダーはその対極である非情さをも併せ持っていなければならないということなのだ。

佐々木は一九五八年五月二十四日、山形県尾花沢市に生まれている。父の仕事の関係で小学校二年のときに埼玉県川口市に転居。サッカーの名門・帝京高校三年次に主将としてインターハイ優勝。日本高校選抜の海外遠征チームの主将も務めた。明治大学サッカー部を経て日本電信電話公社（当時）に入社し、電電関東／ＮＴＴ関東サッカー部（大宮アルディージャの前身）でプレー。一九八一年、全国社会人大会で優勝する。

輝かしいサッカー経歴だが、川口市に転居したとき、佐々木は山形訛りを嘲笑されている。くやしさから、周囲を見返すべく、俊足を活かして短距離走で活躍。それがやがてサッカーへとつながっていく。

佐々木が親父ギャグを飛ばし、「ノリちゃん」と選手に呼ばれて笑顔で応じるやさしさと気配りは、山形訛りを嘲笑されたときのくやしさ——人の心の痛みを知ったことに根ざしているのかもしれない。

選手や部下を思いやり、スプリングボードになる超一流リーダーの覚悟は、「人を惹きつける力」ということにおいて、カリスマ性にもなるのだ。

〈第2章〉　人を惹きつける「品性」

品性とは、信念を貫くために己を厳しく律する処し方のことを言う。易きに流れず、打算に囚われず、卑しきの対極に身を置く凛とした姿勢が、人の心を揺さぶる。

ヘッドハンティングと日本人のメンタリティー

真田幸村（一五六七～一六一五）戦国武将

二〇一六年のNHK大河ドラマ『真田丸』の主人公が真田幸村《さなだゆきむら》だ。演じるのは堺雅人。周知のように連続ドラマ『半沢直樹』で大ブレイクし、「倍返しだ」の決めゼリフが流行語になった。勇猛果敢にして信義に篤い幸村を堺雅人がどう演じて見せるか、いまから期待されている。

ちなみに真田丸とは、一六一四年の「大坂冬の陣」において、幸村が築いた出城のことだ。三の丸南側が大坂城の唯一の弱点であったことから、幸村は三日月形の長い砦を構築し、ここを拠点として鉄砲隊で攻撃。徳川勢は多数の死傷者を出して敗退する。この戦いで幸村は、その武名を天下に知らしめることになる。猿飛佐助や霧隠才蔵、三好清海入道など、映画や小説でよく知られる「真田十勇士」については、架空の人物とも、歴史的な由来を持つ人物とも言われるが、ここで注目すべきことは、事実か否かではなく、「十勇士」という物語が生まれた背景に、一騎当千の強者が心酔するほど幸村に人望があったという世評である。

幸村が、歴史を超えて人を惹きつける理由は三つある。一つは不遇の時代があったこと、二つ目は勇猛果敢な武将であったこと、そして三つ目は、敵方・徳川家康が提示した破格の好条件を一蹴し、豊臣家のために殉じたことだろう。人間関係がドライになったと言われる現代においてすら、NHKの大河ドラマになるほどに幸村人気は連綿と続いている。これら三つは日本人の心を揺さぶり、惹きつけるDNAということになるのかもしれない。

幸村は、謀将・真田昌幸《まさゆき》の次男として一五六七年、甲府に生まれる。本名は「信繁《のぶしげ》」で、「幸村」を名乗るのは、豊臣家に加勢して徳川家康と対決するため、大坂城に入って以後とされるが判然としない。父・昌幸は武田家の家臣として仕え、武田家が織田信長に滅ぼされると信長に恭順。「本能寺の変」で信長が横死するや、越後の上杉氏を頼り、幸村は人質として差し出される。そして羽柴秀吉が天下を取ると、真田家は大名として独立するのだが、このときも幸村は人質として差し出され、大坂城に移る。ここで幸村は妻を娶《めと》り、豊臣家の家臣として活躍する。権謀術数渦巻く戦国時代にあって、幸村は真田家生き残りのため翻弄されと言っていいだろう。

歴史の歯車は秀吉の死によって大きく廻り始める。石田三成VS．徳川家康の戦いが勃発し、父の昌幸と幸村は石田三成の西軍に、長男の信之《のぶゆき》は、嫁の父親が「徳川四天王」の一人・本多忠勝であったことから東軍につく。天下分け目の関ヶ原の戦いは、周知のとおり東軍徳川方の圧勝で終わる。敗軍の将である昌幸と幸村は切腹を命じられるところだったが、信之と本多忠勝の取りなしによって命だけは助けられ、高野山麓の紀州九度山に配流となる。この地で幸村は、罪人として十五年という歳月を過ごし、昌幸は病死する。

幸村の人生もここで朽ち果てるはずだった。だが、歴史の歯車はさらに回転する。豊臣家と徳川家の関係が悪化し、合戦が決定的になったのだ。大名の加勢が期待できない豊臣家は浪人を集める策を採り、幸村にも使者を送る。当座の戦費として黄金二百枚、銀三十貫を用意し、大坂城への入城を要請するのである。

「このまま高野の山中に埋もれるかと思ったが、ついに武士として死に場所を得たり」

と幸村は歓喜し、国元（信州上田）の旧家臣に参戦を呼びかけ、九度山を脱出すると数千の軍勢を従えて大坂城へ入城するのだった。そして、先に記した「大坂冬の陣」で出城の真田丸を築き、徳川勢に大打撃を与えることになる。

堅牢な大坂城を攻めるのは得策でないと判断した家康は、豊臣方と和議を結ぶ。大坂城の外堀は埋められ、真田丸は解体されるのだが、一計を案じた徳川家康は一六一五年二月、叔父・真田信尹《のぶただ》を使者として幸村のもとに送り、

「十万石下さるべく候旨」

十万石で徳川方につかないか――と〝寝返り〟をもちかけた。幸村がこれを断ると、家康は再び信尹を介して、「では、信濃一国ではどうか」と破格の条件を再提示しているのだから家康がいかに幸村を恐れていたかわかるだろう。幸村は再度の申し出に対して、

「一度約束したというその重さをわかって較べるならば、信濃一国はもちろん、日本の半分をもらったとしても心が変わることなどない」

という言葉を口にして一蹴する。まさに、ゼニ金で転ぶ男ではない――という矜持で、人を惹きつけて放さない幸村の魅力は、この一語に集約されているといっていいだろう。

現代社会に置き換えれば、ライバル会社が子会社トップの椅子を用意してヘッドハンティングするようなものだ。異業種ならともかく、ライバル会社が提示した破格の条件に尻尾を振るのは、日本人のメンタリティーとしては、いささかの抵抗を覚えるのではないだろうか。逆を言えば、幸村人気の背景に、こうした日本人のメンタリティーを見る。

同年夏、「大坂夏の陣」が始まる。勇猛な幸村勢は家康の本陣に二度、突撃を敢行。家康を守る旗本勢は総崩れになる。そのすさまじい攻撃に家康は震えあがり、自害までも覚悟したと伝えられる。それでも徳川軍は何とか持ちこたえ、兵力に勝る徳川勢に追い詰められていく。そして、幸村が四天王寺近くの安居神社（大阪市天王寺区）の境内で、傷ついた身体を休ませていたところを、松平忠直隊・鉄砲組頭の西尾宗次に発見され、

「わしの首を手柄にされよ」

という言葉を残して討ち取られる。かくして「夏の陣」は徳川家の勝利で終わり、江戸三百年の時代が始まることになる。ちなみに真田家の家紋は、よく知られるように「六文銭」で、六文銭は〝三途の川〟の渡し賃とされる。つまり「死の覚悟」というわけだ。この家紋を真田家が用いるようになった経緯や由来はさまざま伝えられているが、「三途の川の渡し賃」というのが、幸村という人間にふさわしい。

ＮＨＫ大河ドラマで、幸村はどう描かれるのだろうか。知略、勇猛、信義、そしてカリスマ性――。人間として一流だから人を惹きつけるのか、人を惹きつけるから人間として一流なのか。『真田丸』に注目したい。

ヤクザ渡世の「義理」と「人情」

清水次郎長（一八二〇～一八九三）侠客

人望が名声を呼び、名声がさらに名声を呼ぶ。社会的立場はどうあろうとも、これが歴史に名をなすリーダーの実相というものではないだろうか。清水次郎長《しみずのじろちょう》の半生をたどると、この思いをいっそう強くする。

次郎長が〝東海道一の大親分〟と讃えられる理由を一語で言えば、「人望」――すなわち「人を惹きつける力」による。ヤクザは義理と人情の狭間で苦しむものだが、次郎長は両者を秤にかけるのではなく、義理も果たせば人情にも涙し、「人間はかくあるべし」という信念に命を懸ける。この処し方に数千人の子分は痺れ、惚れ、命を懸けて従ったのではないだろうか。弱肉強食のヤクザ渡世においてさえ、人望なき人間は決して真のリーダーにはなれないということを、次郎長の生きざまに見る。

次郎長は一八二〇年一月一日、駿河国（静岡県）清水湊の船持ち船頭の次男として生まれるが、出生届は十二月十日になっている。当時、この地では「元日に生まれた男児は、大出世するか極悪人になる」という言い伝えがあったため、両親はあえてそうしたのだが、やがてその懸念は的中することになる。

次郎長は、幼くして米問屋を営む叔父の山本次郎八のもとに養子に出されるのだが、長ずるにつれてヤンチャの限りをつくし、「ゴロ長」と呼ばれるようになる。ちなみに次郎長の本名は長五郎だが、養子先である「次郎八家の長五郎」ということから「次郎長」になったもの。江戸幕府が「異国船打払令」を諸藩に命じるのは一八二五年——次郎長が四歳のときだから、幕末に向け、世相は騒然にして混沌たる時代を迎えていた。

ヤンチャの次郎長が、本格的に渡世の道に入るのは十九歳のときだ。旅の僧侶が次郎長の人相を観て、「命数二十五歳を出ず」と告げる。「おまえさんは生きても二十五歳までだな」——そう言ったのである。本当にその卦が出ていたのか、悪ガキを更生させるつもりで脅したのか真意は不明だが、

「そうかい。じゃ、太く短く生きてやらあ」

次郎長はケツをまくるようにして渡世の道に入り、ケンカに明け暮れるのだから人望も

何ものあったものではない。人を惹きつけるどころか、みんなは「ゴロ長」を避けて通ったことだろう。

そして二十三歳。博奕のケンカが元で相手を叩き斬って出奔。無宿人となって諸国をヤクザ修行に歩く。「旅は男を鍛える」と言われるが、一宿一飯の義理を背負い、それを果たすために身体も懸けた。諸国をめぐるなかで、「ゴロ長」は次第に男を磨いていく。

男には「ここ一番」という正念場があり、これを踏み台にできるかどうかで後の人生は決まる。次郎長の正念場は二十六歳のときにやってくる。甲州（山梨県）津向《つむぎ》の文吉と、次郎長の叔父貴で駿州（静岡県）和田島の太右衛門とのあいだで大抗争が起こり、次郎長が仲裁に入ったのだ。

仲裁はヤクザとしての器量が問われる。成功させれば名が上がり、失敗すれば嘲笑される。次郎長は命懸けのこの大仕事を見事に成し遂げ、手打ちに持ち込んでみせた。こうして侠客として頭角をあらわす。やがて、郷里の清水湊にもどって一家を構えると、甲州から遠州（静岡県西部）、三河、尾張、伊勢を支配下に治め、「清水の次郎長」としてその名を全国に轟かせるまでになる。

ちなみに、広沢虎三の浪曲『次郎長伝』でよく知られた「荒神山《こうじんやま》の決闘」は、一八六六年四月八日、次郎長が四十六歳のときに起こっている。伊勢国荒神山（現・鈴鹿市高塚町観音寺）で起きた博徒同士の抗争で、このとき次郎長の子分としてその名を知られる「吉良の仁吉《にきち》」が戦死。怒った次郎長は報復のため、千石船二隻に子分四百八十人、銃四十丁、槍百七十幹、米九十俵を乗せた〝艦隊〟をもって上陸し、伊勢路を制圧する。当時、次郎長がどれぼとの勢力を誇っていたか、これでわかるだろう。

では、次郎長の統率力はどこからきているのか。侠客として名をなし、名声が名声を呼ぶということはわかる。だが、大政、小政、森の石松、追分三五郎、法印大五郎といった多士済々の子分たちが、なぜ次郎長に心酔するのだろうか。その答えは、次郎長が「人情家」であったことだろう。

その象徴的なエピソードが、明治維新のさなかに起こった「咸臨丸事件《かんりんまるじけん》」だ。官軍に敗れた幕府は江戸城を無血開城するが、徹底抗戦を貫く榎本武揚《えのもとたけあき》は艦隊八隻を率い、品川沖から奥州へ向かった。ところが、悪天候のため咸臨丸が房州沖で破船してしまうのだ。やむなく修理のため、清水湊に逃げ込んだところを新政府海軍に発見され、留守番のため船に残っていた七人は官軍によって斬殺され、遺体は湾に投げ込まれた。遺体は「逆賊」の見せしめとして波間に放置されたもので、引き上げることはできない。

官軍のこの仕打ちに怒ったのが次郎長である。「遺体を引き上げて供養する」と言い出した。これに驚いたのが小政だ。逆賊として次郎長が〝お縄〟にかかってしまうからだ。止めようとする小政に、次郎長は言い放つ。

「逆賊であろうと、仏になりゃ、土地のもんが供養するのが当たりめぇだろ」

そして夜、静かに小舟を出すと、湾内の遺体を引き上げて手厚く葬ったのだった。次郎長はそういう人間であり、この「情の篤さ」に、命知らずの若い衆たちが惹きつけられたのではないだろうか。

次郎長が〝賊軍〟を供養したことは、たちまち官軍に知れる。訊問は、維新が成って静岡の藩政に関与していた山岡鉄舟《やまおかてっしゅう》である。

「次郎長、なにゆえ賊軍の死骸を始末したのじゃ」

真意を問い質すと、

「死ねばみな仏じゃござんせんか。仏になりゃ、官軍も賊軍も、敵も味方もない。仏を埋葬することが悪いとおっしゃるなら、この次郎長、どんなお咎めも受けましょう」

胸を張って答えたのだった。

「よお言《ゆ》うた」

鉄舟は感服し、

「仏に敵も味方がないという言葉が気に入った。よくぞ葬ってくれた」

と誉めたと伝えられる。

ヤクザ組織である以上、組のために子分は命を落とすこともある。義理を貫くために、親分は子分の命を預かり、末端の子分は〝消耗品〟にされることが少なくない。だが、この非情な組織形態にあってなお、次郎長は子分を思いやる。

後年、山岡鉄舟の紹介で会った勝海舟《かつかいしゅう》が、

「おまえさんのために命を捨ててくれる子分は何人いるか」

と問うと、こう答えている。

「子分にゃ、そんな度胸のある者《もん》は一人もおりません。しかし、あっしは子分のためにいつでも命を投げ出せます」

これを聞いて勝海舟は思わず唸ったと伝えられる。「度胸のある者は一人もいない」は次郎長の逆説で、「可愛い子分たちですから、私のために命は捨てさせません」ということを言っているのだ。ここまでの「情」があって初めて下の人間は惹かれ、「義理」のために命を投げ出す。これは組織を問わず、普遍の人間心理である。

自らの役割に徹する

土方歳三（一八三五〜一八六九）新撰組副長

土方歳三《ひじかたとしぞう》は、新撰組隊士から「鬼の副長」と呼ばれた。「局中法度《きょくちゅうはっと》」を定め、違反した者は容赦なく切腹させ、裏切者は一刀のもとに斬り捨てる。剣豪ぞろいの隊士たちでさえ、土方に睨まれると震えあがったという。

その冷酷非情な男が、時代を超えて多くの日本人を惹きつけている。司馬遼太郎や池波正太郎、三好徹、北方謙三など錚々たる作家たちが土方歳三をテーマに小説を書き、これら作品数は数十冊にのぼる。

土方の魅力は、大きく三つある。一つは剣の達人であったこと。二つ目は「鬼の副長」という役割に徹したこと。そして三つ目は、変節を潔しとせず、死をもって信念を貫き通した「滅びの美学」である。

ことに、二つ目の「鬼の副長」という役割に徹したというのは、土方の魅力を語る上で重要だ。あとで記すように、土方は箱館の五稜郭で官軍と戦って討ち死にするが、最後まで土方に従った新選組隊士・中島登は土方の人柄について「温和で、母のように慕われていた」と語っている。あるいは、一緒に箱館戦争を戦った幕府海軍奉行・榎本武揚は、土方を評して「入室但清風《にゅうしつしょせいふう》」――「部屋に入ってくると、清らかな風が吹くような、そういう涼やかな人間だった」と称賛している。

これらのエピソードから読み取れるのは、幕府の瓦解によって新撰組が崩壊してしまえば、もはや土方は「鬼の副長」を演ずる必要はなく、〝素の自分〟にもどったということではないだろうか。

土方は一八三五年五月五日、多摩に生まれる。「お大尽《だいじん》」と呼ばれる豪農の末っ子で、少年期は「バラガキ」と呼ばれた。「バラ」は「茨《いばら》」(植物のトゲ)のことで、「触ると痛い子供《ガキ》」――悪童だった。それだけに性格も明るく、「トシさん」という愛称で呼ばれている。家業であった薬の行商を手伝う折り、土方は道場を見つけると立ち寄り、辞を低くして指南を乞うている。如才なく、愛想を振りまくこともあったという。

その土方が性格を一変させるのは、新撰組の副長になってからだ。近藤勇をトップとして戴き、自分は近藤を支える副長として組織運営の泥をかぶる——そう腹をくったのではなかったか。その手段として土方は局中法度を定め、隊士に絶対服従を強いるのだが、「局中法度」とは次のようなものだ。

一、士道ニ背ク間敷事（武士らしい行動をせよ）
一、局ヲ脱スルヲ不許（新選組から脱走してはならない）
一、勝手ニ金策ヲ致不可（勝手に借金をしてはならない）
一、勝手ニ訴訟取扱不可（勝手に裁判をしてはならない）
一、私ノ闘争ヲ不許（私闘をしてはならなす）
右条々相背候者切腹申付クベク候也（右の条項に背く者は切腹を申し付ける）

違反すれば切腹で、逃亡すれば追っ手をかけて斬殺する。その苛烈さにおいて、まさに〝鉄の規律〟であったが、局中法度がなければ、浪人が集まった烏合《うごう》の衆《しゅう》は組織として機能しなかっただろう。土方は、あえて自分から「鬼」になり、憎まれ役になることで、京の都を震え上がらせる新撰組をつくりあげたのである。

土方が組織の維持だけでなく、隊士のことを気づかっていたことを示す新たな史料が、二〇一四年に西本願寺（京都）で発見されている。新撰組は一時期、西本願寺境内の北集会所《きたしゅうえしょ》を借りて駐屯するのだが、隊士二百名が寝るには手狭で、夏場の炎暑は我慢しがたく病人も出ている――と土方は窮状を訴え、ついては阿弥陀堂の一部、畳五十枚分の貸与を願い出ている。

これに対して、本願寺側が代替案として北集会所の改修を申し出ると、土方から感謝の手紙が届けられるのだが、土方とのこのやりとりを書き留めた文書が、西本願寺で発見されたというわけだ。調査した本願寺史料研究所の研究員は、「土方が隊をまとめるために苦悩していたことが伝わる」とのコメントをメディアに寄せている。「鬼の副長」の、これが素顔であった。

幕府は「鳥羽伏見の戦」で敗れて崩壊するが、江戸にもどった土方は、徹底抗戦を決意する。中山道を江戸を向けて東上する官軍を甲府で迎え撃つが、多勢に無勢で潰走。近藤勇が官軍に捕られ、板橋で処刑されるのはこのあとのことだった。さらに会津での戦いにも敗れた後、土方は仙台に向かう。仙台には、幕府の軍艦六隻を率いて江戸を脱出した幕府海軍奉行・榎本武揚がいた。土方と榎本は奥羽列藩同盟を以《もっ》て戦うことを画策するが、官軍の進撃に浮き足だった奥州列藩の足並みはそろわなかった。
こうして一八六八年十月十一日、土方は仙台から榎本の軍艦に同乗し、幕軍二千人と一緒に北海道へ向かい、箱館五稜郭に入城。ここで官軍に対して最後の戦い挑み、土方は銃撃されて三十五歳の波乱の人生を閉じる。榎本武揚はじめ、幹部の多くが投降するなかで、「ここで降伏しては近藤に合わせる顔がない」として、土方は幹部のなかでただ一人、戦死したのだった。投降した幹部たちは維新後、新政府に登用され、大臣など要職に就いている。土方の、この潔さが「滅びの美学」として私たちを惹きつける。

梅の花　咲る日だけに　さいて散

土方は和歌や俳諧を嗜み、書き溜めた句から四十一首を選んで『豊玉発句集《とよたまはっくしゅう》』として残しているが、その最後に収められているのが、この句である。短くでも精一杯咲いてみせる梅の凜とした姿に、これからの行く末を重ね合わせ、「自分もそうありたい」と詠んだのだろう。土方の魅力は、この一句に凝縮されている。

「将に将たる器」の志気昂揚術

秋山好古（一八五九～一九三〇）騎兵第一旅団長

司馬遼太郎の歴史小説『坂の上の雲』は、日本が近代国家へと歩み始めた明治時代に、伊予（愛媛県）から巣立った三人の男――秋山好古《あきやまよしふる》、真之《さねゆき》、そして正岡子規《まさおかしき》を主人公とする。子規は俳句・短歌の中興の祖となり、秋山兄弟はともに日露戦争で大活躍した名将として、歴史にその名を刻む。

「智謀湧くがごとし」と評された弟の真之は、連合艦隊参謀として丁字戦法を考案し、日本海海戦でロシアのバルチック艦隊に勝利する。兄の好古は、世界最強と謳われたロシアの「コサック騎兵」を中国奉天で撃破。「日本騎兵の父」として世界の注目を集める。

奉天会戦は「日露戦争の関ヶ原」と位置付けられ、戦後、日本騎兵隊の研究に海外から多くの武官が来日するが、彼らは「日本騎兵には西洋人の軍事顧問がついているに違いない」と考えていた。そうでなければ、「世界最弱」と笑われていた日本の騎兵隊がコサック騎兵に勝てるわけがない――というわけだ。

武官たちは好古と面会するなり、「やっぱりそうか」と納得する。好古は長身で、色白で、鼻が高く、彫りの深いハンサムな顔は日本人離れしていて、陸軍大学校時代のメッケル教官がヨーロッパ人と間違えたほどだ。武官たちは好古を見て、西洋の軍事顧問だと思ったのも無理はない。言い換えれば、それほどに日本騎兵がコサック騎兵に勝つなど、当時の軍事常識では信じられないことだったのである。

好古は後年、陸軍大学校で騎兵について講義するさい、素手で窓ガラスを打ち破り、血まみれの拳を見せながら、高い攻撃力と皆無に等しい防御力――これが騎兵であると、その特徴を示して見せている。騎兵に突入を命じるということは、素手で窓ガラスを破れということだ。トップに信頼と人望があって初めて、部下は決死の覚悟で敵陣に向けて馬を奔らせる。幕末に生まれ、激動の明治時代を生き抜き、「最後の古武士」とも評される陸軍大将・秋山好古は、いかにして部下を統率し、信頼と人望を集めたのか。

明治維新に先立つ十年前の一八五九年、好古は秋山家の三男として生まれる。父親の久敬《ひさたか》は松山藩の下級武士であったため、維新によって生活が困窮。好古は官費で学べる師範学校へ進む。卒業後は教員となるが、「薩長」という藩閥が幅をきかせる時代にあって、軍人だけは実力主義であることを知る。一念発起して陸軍士官学校に入り、陸軍大学校を経て軍人となる。そして一八八七年から四年間、フランスに留学し、サンシール陸軍士官学校で騎兵について学ぶ。

激動の明治時代、日本は日清・日露の二度の戦争を経験するが、好古の騎兵トップとしてのキーワードを探ると、「志気」という二文字にいきつく。

まず、日清戦争（一八九四年）。好古は騎兵の秋山支隊を率いて営城子《えいじょうし》（現・大連市旅順地区）を出発するが、途中で清軍の大部隊と遭遇する。好古は不利を承知で戦闘を命じると、馬上で水筒に入れた酒を飲みながら敵陣に向かって悠然と駒を進めた。これが緒戦になる。退却すれば部下たちの志気が下がり、これからの戦いに大きく影響する――それが好古の信念であった。交戦して秋山支隊の被害はわずかに戦死者一名、負傷者六名。「志気の昂揚」という貴重な〝戦果〟をあげたのである。

日清戦争から十年後の一九〇四年、日本はロシアと戦火を交えるが、このときも好古は緒戦において「志気」を最優先とし、不退転の決意で臨んでいる。中国北東部の曲家店で日露の騎兵隊が初めて交戦したときのことだ。日本軍が優勢で、好古は退却するロシア軍の追撃を命じるが、途中からロシア軍の歩兵隊が突如として現れ、野砲で攻撃し始めた。ぐずぐずしていたら日本軍は身動きとれなくなってしまう。部下は好古に退却を進言した。いったん後方に退がり、そこを拠点として態勢を建て直したほうがいいという意見だ。

それに対して好古は何と返事したか。

何も言わない。「ウム」と生返事をすると、例によって水筒の酒を飲み、ごろりと寝転んでしまったのである。このとき部下はどう思っただろうか。あきれもすれば、憤りもしたことだろう。全滅するかもしれないという状況のなかで、指揮官が酒を飲んで寝転んでしまったのだ。

結果として、好古の読みが的中する。やがてロシア軍の攻撃が緩み、そこを一気に攻撃して撃退するのだが、好古はこのときのことを振り返って、

「俺は酒を飲んで寝転がり、部下の進言を聞かないふりをした」

と副官に語ったという。後退すれば隊の安全は確保されるが、緒戦で退却したとあっては将兵の志気が下がり、反対にロシア軍に自信をつけさせることになる――そう考えてのことだった。

軍隊に限らず、志気は組織にとって背骨のようなものだ。志気が高ければ、組織は劣勢

であっても跳ね返せる。トップの責務は、組織に「志気」という背骨を通すことであり、この背骨が通れば、部下は自然とトップに引き寄せられていく。そのためには、「肉を斬らせて骨を断つ」といった度胸も、ときに必要になってくるのだ。

好古は酒豪として知られる。必ず酒のエピソードが彼にはついてまわる。先に記したように、戦闘においてさえ、水筒に詰めた酒を飲んでいる。不謹慎と言われればそのとおりだろう。だが、視点を変えて好古の〝水筒酒〟について考えてみると、「リーダーの資質」ということにいきつく。「戦場で酒を飲むのは不謹慎だ」「部下がその姿を見たらなんと思うだろうか」――といった常識に縛られない好古だ。言い換えれば、部下や世間の思惑や批判を気にして自己規制するようではリーダーとしては二流であるということだ。「酒を飲んでいい」と言っているのではなく、「我は我なり」の気概と信念があって初めてリーダーは人を惹きつけるということなのだ。

いつも酒を飲んでいるからといって、好古が自堕落な人間かとえば、そうではない。贅沢を嫌った。青年時代、弟の真之が上京し、居候したときも、食事のおかずは沢庵漬けのみ。足袋も履かせない。真之が下駄の鼻緒を直していると、「そんな暇があるなら裸足で行け」と叱った。のちに真之は「いまの自分があるのはすべて兄好古のおかげ」と述懐し、真之は少将になってからも、好古が訪ねてくると自分の座布団を裏返して勧め、自分は下座にかしこまっていたという。

入浴を極端に嫌った。部下が見かねて風呂を勧めると、「軍人たるもの、戦場においては、いつ何時でも敵に対処できるようにしておかなければならない」とハネつけている。のんびりと湯船になんぞ浸かっていたら、いざというとき間に合わないではないか――というわけである。

欲の無い人物としても知られていた。清国から帰国するとき、好古は日本領事館から餞別をもらうと、その場で教育基金として日本居留民小学校に寄付している。あるいは満州で越冬するときのこと。副官が気づかって掛け布団を渡したところ、好古は、健康を害して青白い顔をした部下に「お前寒いじゃろう。これをやるよ」と言って掛け布団を手渡したという。豪放磊落にしてストイック。そんな好古を評して「最後の古武士」と呼ぶ。

リーダーの器には二種類ある。「兵に将たる器」と「将に将たる器」だ。「兵に将たる器」は現場の指揮官。「将に将たる器」は、それら指揮官を指揮できる人間で、人格的にそれだけの器がなければなれない。部下に退却を進言されても無視して〝水筒酒〟を飲み、寝転んでみせる。「将に将たる器」にして初めてできることだはないだろうか。

苦しいことも、言いたいことも

山本五十六（一八八四～一九四三）　連合艦隊司令長官

一九四一年十二月二日十七時三十分、大本営より機動部隊に対して、極秘暗号電文が発信された。《ニイタカヤマノボレ一二〇八》――。ニイタカヤマ（新高山）とは台湾の山の名前（現・玉山）で、当時、台湾は日本領であったことから日本の最高峰であった。一二〇八は「ひとふたまるはち」と読み、日本時間で十二月八日をさす。

「十二月八日午前零時を期して戦闘行動を開始せよ」

という命令であった。

連合艦隊司令長官・山本五十六《やまもといそろく》は不戦平和を求め、最後まで戦争に反対しながら、いざ開戦のご聖断が下るや、戦艦十隻、空母十隻、巡洋艦四十一隻、駆逐艦百十一隻、潜水艦六十四隻など合計二百五十四隻を率いて、ハワイ真珠湾を目指す。十二月八日午前七時四十九分、第一波空中攻撃隊総指揮官・淵田美津雄《ふちだみつお》海軍中佐が各機に対し、「全軍突撃」を意味する無電《ト・ト・ト・・・》のト連送を下命。その四分後の七時五十三分、淵田中佐は旗艦赤城に対して《トラ・トラ・トラ》――「ワレ奇襲ニ成功セリ」を打電する。

五十六の戦略としては、真珠湾奇襲攻撃で米軍を叩き、この勝利をもって和平交渉に入ることだったが、緒戦に大勝した軍部も国民もそれを許さず、戦争は拡大していく。そして真珠湾奇襲から七ヶ月後、日本海軍はミッドウェー海戦で空母四隻を失う大敗を喫し、劣勢に立たされることは周知のとおりだ。五十六は、戦場後方の戦艦「大和」でミッドウェー海戦大敗の報告を受けるが、このとき日本の敗戦を覚悟したのか、顔色ひとつ変えず、黙って将棋を指し続けていたという。

開戦から二年後の一九四三年四月十八日午前八時、戦況悪化のなか戦地視察に赴いた五十六はソロモン諸島上空で撃墜され、ジャングルに消える。戦争に反対しながらも、職責に殉じた山本五十六は「悲劇の提督」として、いまなお人々を惹きつける。五十六の波乱の半生が小説に、劇画に、映画になって語り継がれるのは、そこにリーダーのあるべき姿を見るからだろう。

一九二四年十二月、霞ヶ浦海軍航空隊に副長として就任した五十六は、厳しい訓練について、隊員たちにこう訓示する。

「苦しいこともあるだろう、言いたいこともあるだろう、不満なこともあるだろう、腹の立つこともあるだろう、泣きたいこともあるだろう。これらをじっとこらえてゆくのが男の修行である」

これが「男の修行」と呼ばれる五十六の言葉で、自分を厳しく律するこの姿勢こそ、部下を惹きつけてやまない魅力ではないだろうか。

五十六は海軍兵学校卒業後、巡洋艦「日進」で日露戦争に従軍。日本海海戦で左手の指二本を失うという重傷を負うが、「片腕を切断せねばならぬ」と告げる軍医に、「片腕なくなると軍人をやめねばならぬから、何とか切らないでくれ」と訴えている。この体験と気性を「男の修行」に重ね合わせれば、五十六の人物像が見えてくることだろう。

ちなみに「五十六」という風変わりな名前は、旧長岡藩士だった父親が五十六歳のときの子供であったことから名づけられたという。長岡中学（現・長岡高校）から、難関の海軍兵学校を受験し、二番の成績で合格する。入学のときの面接で「おまえの信念は何か」と教官に問われ、即座に「やせ我慢」と答えたというから、五十六の半生は「男の修行」であったとも言える。

だが、そこまで己を律する五十六が、花柳界で人気者だったということを知れば、また違った一面が見えてくる。両手で皿回しをして見せたり、得意の逆立ちを披露したり、豊富な話題で宴席を盛り上げるなど細やかな気配りが花柳界の女性たちに愛されたというが、この処し方こそが、人を惹きつけてやまない五十六の気配りであり、魅力であったのだろう。一説によると五十六は下戸で､酒が飲めなかったと言われる。徳利に番茶を入れ、シラフで宴席を盛り上げたことになる。

自分に厳しく、他人にも厳しさを求めるのは、ある意味では楽かもしれない。自分に甘く、他人にも甘くというのも同様だ。だが、自分に厳しくして他人にはそれを求めないという処し方は難しい。「男の修行」とは、他人や部下に対する理解とやさしさとのことを言うのかもしれない。

上意下達の軍隊では命令は絶対であり、上官は部下に命じるだけでいい。命令が実行できるかどうかは部下の問題だ。五十六は、そのことを百も承知しながら、こんな言葉を口にする。

「やってみせ、言って聞かせて、させてみせ、ほめてやらねば人は動かじ。話し合い、耳を傾け、承認し、任せてやらねば人は育たず。やっている姿を、感謝で見守って、信頼せねば人は実らず」

ここまで忍耐強く部下に接し、育てようとする上司がいるだろうか。

会社の方針や、部下の働きが意に染まないものであるとき、私たちは不満を口にする。「勝手にしろ」とケツをまくることもあれば、サボタージュで抵抗したりもする。五十六は違う。戦争反対の姿勢を貫きつつも、連合艦隊司令長官として、日米開戦に至ったときを想定して戦術を熟考している。国力に圧倒的にまさるアメリカと戦うには、先制奇襲攻撃しかないというのが五十六の結論であり、鹿児島の錦江湾を真珠湾に見立て、極秘で奇襲訓練に入っている。

日米交渉は難航し、開戦の是非をめぐって軍部内に激しい対立があった。五十六は内閣や軍部に対して言いたいことも、不満も、腹の立つことも山ほどあったろう。それでも腐ることなく、じっと耐え、職責をまっとうするため渾身の努力を傾注する。時代を超えて五十六に惹かれるのも当然だろう。

率先垂範と無私無欲

土光敏夫（一八九六～一九八八）第二次臨時行政調査会会長

無欲――。

上に立つ人間の魅力の一つが、これだ。

いや、欲は人間すべてに具わる煩悩である以上、無欲の人間は存在しない。しかるべき立場になれば高収入を得ることができるし、社用のハイヤーを乗り回すこともできる。潤沢な交際費でおいしいものを食べ歩き、一流クラブで豪遊することもできる。だから誰だって出世もしたいだろうし、お金も欲しい。

この前提に立てば、無欲とは「欲がない」という意味ではなく、「欲望を、みずからの意志で厳しく律する」という克己心のことを言う。

私腹を肥やそうと思えばできる立場にありながら、公私混同を潔しとせず、毅然としてこれを拒否する――公私を峻別する生き方に、部下は心惹かれるのではないだろうか。

経済団体連合会（現・日本経済団体連合会）の会長まで務めた土光敏夫《どこうとしお》は、徹底した合理化によって企業を再建し、〝ミスター合理化〟と呼ばれるほどの辣腕《らつわん》をふるうが、経営トップとして謹厳実直な人柄と無私無欲の処し方は、上に立つ者の「あるべき姿」としていまも語り継がれる。

土光は一八九六年九月十五日、肥料仲買商の菊次郎・登美夫妻の次男として岡山県御野郡大野村（現・岡山市北区）で生まれる。母の登美はのち、横浜市鶴見区に橘学苑を開校して女子教育に尽力。校訓に「正しきものは強くあれ」と掲げた女傑で、土光の一徹な気性は母親譲りとも言われる。

関西中学（現・関西高校）を卒業後、代用教員をしながら一浪して東京高等工業学校（現・東京工業大学）機械科に進み、卒業後は東京石川島造船所（現・ＩＨＩ）に入社。タービン製造技術を学ぶため、スイス留学を経て、芝浦製作所（現・東芝）と共同出資による石川島芝浦タービン（現・ＩＨＩシバウラ）の設立にともない、技術部長として出向。一九四六年、同社の社長に就任する。土光の猛烈な働きぶりは、まさに激しく廻るタービンのごとくで、周囲は「土光タービン」とあだ名する。

五年後の一九五〇年、土光は経営危機に陥った東京石川島造船所に社長として復帰し、合理化の断行によって再建を果たすが、ここで〝人生最大の危機〟に見舞われる。復帰して四年後の一九五四年、政財界を震撼させた造船疑獄事件に巻き込まれ、東京地検に逮捕・拘留されるのである。

造船疑獄事件とは、海運・造船業界と政界が癒着した構造汚職だ。検察が取り調べた政官財界人は八千二百余名、逮捕者は百名を超えた。当時の吉田茂内閣が倒れる発端ともなり、歴史に特筆される一大疑獄であった。

四月二日の早朝六時半のことだった。東京地検特捜部は寝込みを襲い、横浜市鶴見にある土光宅へ捜査に赴いた。大企業の経営トップにして日本造船工業会副会長の家にしては、あまりに質素な平屋であることに、まず驚いたとされる。

「社長にお目にかかりたいのですが」

検事が、応対に出た土光夫人に告げると、

「主人は出かけたばかりでいません」

逃げられた――そう思った検事が厳しい口調で、

「どこに行きましたか」

問い質すと、

「会社です。いま出かけたばかりですから、近くのバス停でバスを待っているかも知れません。呼んできましょうか?」

これほどの大物財界人がハイヤーでも社有車でもなく、バスに電車を乗り継いで東京駅まで通勤しているというのだ。まさか——という思いで、検事がすぐさまバス亭に駆けつけると、夫人の言うとおり、土光がバスを待っていた。このとき検事は「この人はやっていない」と直感したというエピソードが残っている。

土光は逮捕・拘留されたものの、不起訴となって名誉は保たれた。バス・電車通勤は、経団連会長という財界トップになって以後も続く。まさに〝公私の峻別〟であり、人を惹きつける土光の人望はここに根ざすと言っていいだろう。

一九六五年、経営難に陥っていた東京芝浦電気（現・東芝）再建のため、社長に迎えられた土光は、就任早々の訓示で経営責任は社長にあることを明言してから、こう宣言した。

「社員はこれまでの三倍頭を使え、重役は十倍働け。自分はそれ以上に働く」

土光は毎朝七時に出勤し、宣言どおり誰よりも働いた。土光に習い、重役や幹部社員の出社時間が早まり、名門企業の〝ぬるま湯体質〟に一本の筋が通ったのだった。

ここでも土光は合理化という辣腕を振るったが、痛みを伴う組織改革において、もっとも必要とされるものはトップの姿勢だ。社員だけでなく、すべての人間が痛みを共有するという公明正大さだ。だからこそ、従業員も土光の合理化策に理解を示し、再建を見事に果たしたのである。石川島播磨、そして東芝という屈指の大企業を相次いで再建した原動力は、小手先の再建計画ではなく、土光の「人間力」であり、組織の規模を問わず、結局は上に立つ人間の魅力が志気と結束力を高めるということなのである。

当時、土光のこんな言葉が残っている。

「私どもの東芝では、上位者ほど早く出勤するという習慣がすでに定着している。私に言わせれば、当然のことといえる。上位者ほど忙しいはずである。その日の準備段取りは、部下が来る前に済ませておかねばならぬはずである。格別の美談でもなんでもなく、先進国のエグゼクティブやマネジャーがとっくに実行していることなのだ。そんな上司の姿を見て部下たちも変わってきた。古い言葉だが率先垂範こそ、人が人に向かう基本原理だと信ずる」

率先垂範《そっせんすいはん》――。土光の「人を惹きつける力」は、「無私無欲」と並んで、この言葉があげられるだろう。二〇一五年、承知のように東芝は不適切な会計処理に端を発し、大きな社会問題を引き起こしたが、「土光さんが生きていたら」という声があちこちで囁かれたものだった。

一九七四年、土光は経団連第四代会長に就任。二期六年を務めたあと、鈴木善幸首相、中曽根康弘行政管理庁長官に請われて第二次臨時行政調査会長となり、行政改革に執念を燃やして〝ミスター合理化〟〝荒法師〟〝行革の鬼〟、さらに土光をもじって〝怒号敏夫〟などと呼ばれることになる。

土光の人となりをあらわすエピソードとして、「メザシ」が引き合いに出される。行革に取り組んでいた当時、『NHK特集　85歳の執念　行革の顔　土光敏夫』というテレビ番組が放映されたが、妻と二人きりでとる夕食のメニューがメザシに菜っ葉、味噌汁、玄米であったことから、「メザシの土光さん」と呼ばれるようになった。穴とつぎはぎだらけの帽子をかぶるなど、生活はとても質素だった。

〝清貧の人〟と口にするのはたやすいが、〝清貧〟を貫くには、己を厳しく律する不断の克己心が求められ、この克己心に人は魅せられるのではないだろうか。

包容力とプライド

石原裕次郎（一九三四〜一九八七）俳優

取材に来た記者を「さん」付けで呼ぶ。相手が年下の若造であっても、それは変わらない。

「裕ちゃんの魅力を一言で言うと、そういうことになるかな」

と、一杯やりながら先輩記者が言ったことがある。私が週刊誌記者をやっていた二十代のころのことだ。だが若かった私は、「国民的スーパースターの素顔はこうだ」と聞かされても、俄には信じられず、

（どうせ、裕次郎のカッコづけだろう）

と冷ややかに受け取ったものだった。

それから一〜二ヶ月して、私は石原裕次郎《いしはらゆうじろう》に初めてインタビューする。舌下潰瘍《ぜっかかいよう》の手術で裕次郎が入院した翌年だから、昭和五十四年の夏だった。場所は調布の日活撮影所。

四十四歳だった裕次郎は、若造の私に微笑みかけ、

「で、何を聞きたいんだい？」

まるで同窓の先輩が後輩に語りかけるような、気さくな口調で質問をうながしてくれた。

それまで有名スターは何人もインタビューしていたが、私が若造ということもあってか、何となく〝上から目線〟を感じていた。それだけに包容力を感じさせる裕次郎の言葉に気持ちが躍ったのである。そして、なるほど先輩記者が言ったごとく、私に対しても「さん付け」で呼んでくれたことを、いまも覚えている。

身長百八十二センチ、体重七十五キロ、股下九十センチという日本人離れした体形。ハンサムな顔は不良っぽい匂いを漂わす。映画デビューは兄の慎太郎が原作を書いた『太陽の季節』。裕次郎は慶応の学生だったが、遊んでばかりいる弟を心配した慎太郎が、この映画をプロデュースした水の江滝子に頼んで出演させたものだった。

だが、当の裕次郎は、あくまで〝遊び感覚〟。素肌にヨットパーカーを羽織り、海水パンツにゴム草履で日活撮影所に現れ、周囲の度肝を抜いている。そんな男だから、圧倒的な存在感があり、二作目『狂った果実』で主演し、たちまちスターダムにのしあがる。その人気ぶりは、有名人ずれしている銀座ホステスでさえ、「裕次郎が銀座に来てるわよ」

と聞くや、接客そっちのけで路上に飛び出し、裕次郎をナマでひと目見ようと、その姿を探したというエピソードが残っている。

裕次郎が肝細胞ガンのため、五十二歳の若さで亡くなるのは一九八七年七月十七日。湘南育ち、海、ヨット、不良、慶応ボーイ、映画俳優、歌手、プロデューサー、石原軍団を率いるボス――と、裕次郎の人生を語るキーワードはいくつもあり、そのどれもが魅力を放っている。だが、裕次郎が人を惹きつけてやまない魅力と人望は、「下の者」や「裏方」に対する徹底した気づかいとやさしさにある。

撮影現場に入ってくると、一番奥にいる照明部の人間に声をかけた。それも〝裏方〟の名前はすべて覚えていて、「おお、○○君、元気か」と名前で呼ぶ。宴席でも、下の者を気づかい、そばに行って酌み交わす。「そんな大スターは見たことがない」と、私が週刊誌記者当時、撮影スタッフが感嘆したものだった。クルマの運転手に対しても、店の外やクルマの中で待たせることはしなかった。

俳優の渡哲也は、裕次郎が亡くなったあと、裕次郎の遺志を継いで石原プロモーションの二代目社長に就任する。俳優業より社長業を優先させたことで「裕次郎に殉じた」とも評されるが、その渡が初めて裕次郎に会ったときの感動を語っている。

青山学院を卒業し、新人俳優として日活に入社した渡は、宣伝部の人間に連れられ、調布の撮影所を挨拶回りする。新人の〝儀式〟で、所長室から始まって監督部屋、俳優部屋、メーク室と回って、大食堂に連れて行かれ、主だった俳優に挨拶するのだ。

「初めまして。今度、入った渡哲也です」

姿勢を正して丁重に頭を下げるが、「あ、そう」「まあ　がんばれよ」——と、一様に素っ気ない態度であったが、裕次郎だけは違った。真っ昼間なのに、ビール片手にカレーライスを食べていた裕次郎は、渡が挨拶するや、ニッコリ笑って立ち上がり、

「キミが渡君ですか。石原裕次郎です」

と言って握手の手を差し出し、

「頑張って」

と言って渡の肩をポンポンと二回ほど軽く叩いて励ましたという。スーパースターが一介の新人にそこまでする。これに渡は感激したという。「裕次郎に殉じる」という渡の人生は、ここに始まる。裕次郎にそこまでの計算はもちろんなかったにしても、「下の者」に対する気づかいは、相手が殉じるほどに心を揺さぶるのだ。

その裕次郎が「俳優業は男子一生の仕事にあらず」として石原プロモーションを設

立、映画制作に乗り出すのが、東京オリンピック開催前年の昭和三十八年一月十六日、二十八歳のときである。既存の映画会社による〝妨害〟と戦いながら映画制作を継続し、『黒部の太陽』、サファリラリーで活躍する日本人ドライバーをテーマにした『栄光への５０００キロ』、富士山測候所に巨大レーダーを建設する様子を描いた『富士山頂』など話題作を次々に公開し、石原プロは映画界に大きな地歩を占めていくが、『ある兵士の賭』が興行的に失敗し、四十数年前の金で五億八千万円の負債を抱えてしまう。

さらにその一ヶ月後、プロスキーヤーの三浦雄一郎がエベレストを滑降するドキュメンタリー映画『エベレスト・シンフォニー』を公開するが、これもコケる。しかも、その直後、裕次郎は結核に罹って熱海の病院に入院する。このとき裕次郎の貯金通帳の残高は五万円に満たなかったと、のちに裕次郎が自著『人生の辞』（主婦と生活社）で、次のように記している。

《カミさんがエンゲージリングと婚約指輪の二つだけを残して、アクセサリーなど売れる物は全部売った。一番、苦しかった時期だね。普通なら生活を切り詰め、車も日本車に換えるだろう。日本車のほうが省エネだし、整備や修理など経費のかかりが違う。だけど、車は換えなかった。みすぼらしくなってしまうからだ。全然乗らなくなるというなら別だが、外車を国産に換えたからといって、借金の総額から見れば、ほとんど無意味だ。むしろ逆で、デメリットのほうが大きい。なぜなら僕たちの商売には、〝顔〟がある。僕には「石原裕次郎」という顔がある。》

この毅然としたプライドと、「下の者」や「裏方」を気づかう思いやり、そして何よりカッコよさ。だから石原裕次郎はリーダーたる者、あるいはリーダーたらん者にとって理想であり、二十八年がたったいまも伝説として語られるのだ。

〈第3章〉 人を惹きつける「気概」

夢を語り、夢の実現に渾身の努力を傾注し、挫折するたびに起き上がってみせる。敢然と困難に立ち向かうこの気概が、人の心をわしづかみにする。

信念を貫いた「仏教界の革命児」

親　鸞（一一七三〜一二六二）僧侶

親鸞《しんらん》が開いた浄土真宗は、門徒（信徒）数が全国で一千二百万人以上という日本仏教界の最大勢力である。しかも、親鸞に材を取った作品は西田幾多郎《にしだきたろう》、三木清、吉本隆明、家永三郎、梅原猛といった学者・思想家のほか、吉川英治、伊藤整《いとうせい》、倉田百三《くらたひゃくぞう》、亀井勝一朗、野間宏、丹羽文雄、津本陽、五木寛之など多くの錚々たる作家が手がけている。

没後七百五十年以上もたってなお、なぜ親鸞はこうして人々を魅了し続けるのだろうか。

私は浄土真宗本願寺派の僧籍にあり、親鸞は宗祖として仰ぐ存在だが、そうした立場を離れ、リーダー論として親鸞を見た場合、その処し方は「人々を惹きつける力」ということにおいて大きな示唆を与えてくれる。時流に乗って世に出て行くリーダーは少なくない。だが、親鸞のように時代の価値観を真っ向から否定し、時流に逆らい、あたかも滔々《とうとう》と流れる大河を遡上《そじょう》するような生き方もまた、人々を惹きつけるのだ。

親鸞は妻帯を宣言し、それを実行して見せた。八百年前の鎌倉時代、僧侶の戒律は厳しく、妻帯する者はいなかったが、それは建て前で、「隠すは上人、せぬは仏」と世間は揶揄《やゆ》しつつも、見て見ぬ振りをしていた。だが、妻帯を堂々と宣言したとなれば話は別だ。「色坊主！」「堕落坊主！」「破戒僧！」といった悪口雑言《あっこうぞうごん》を浴びたが、親鸞にしてみれば、それは元より覚悟の上。「ただ仏恩《ぶつおん》の深きことを念《おも》うて、人倫《じんりん》の嘲《あざけ》りを恥《は》ぢず」――世間の嘲笑や罵倒など如来（仏）への感謝の前にいかほどのものか、と超然としているのだった。

では、なぜ親鸞は妻帯の宣言に至ったのか。九歳で得度《とくど》した親鸞は、当時、日本仏教界の最高学府であった比叡山延暦寺で二十年におよぶ修行生活を続けていた。「延暦寺の僧」という看板を掲げ、しかるべき寺に入寺すれば、立派な坊さんとして世間に尊崇《そんすう》され、楽に人生を渡っていけた。少なくとも、世間の嘲笑と罵倒とは無縁の人生であったろう。

それを承知で親鸞は妻帯を宣言した。既存仏教の価値観に敢然と棹さし、上流に向かって遡上していった。親鸞が人を惹きつける最大の魅力は、「念仏一つで救われる」という教義を広く説いたことにあるが、教義を離れ、「リーダーとしての処し方」という視点からその半生を見れば、世間の非難や、流罪という弾圧を正面から受け止め、甘受し、信念を貫いて動じない姿勢が人心を惹きつけたと言っていいだろう。

親鸞は平安時代末期の一一七三年、京都の東南にあたる日野の里で生まれる。幼くして両親を亡くし、九歳で比叡山延暦寺に上がったことはすでに触れた。延暦寺は寺院名ではなく、東塔《とうどう》・西塔《さいとう》・横川《よかわ》の三地区に点在する堂塔の総称で、当時、三塔十六谷三千坊という日本天台宗の総本山。ここで修行し、離脱して新宗派を開いたのは法然（浄土宗）、一遍（時宗）、栄西（臨済宗）、道元（曹洞宗）、日蓮（日蓮宗）、そして親鸞（浄土真宗）など多士済々で、文字どおり〝仏教界の総合大学〟であり、延暦寺で修行する者は仏教界のみならず、社会のエリートとされた。

親鸞はここで秋霜烈日《しゅうそうれつじつ》の二十年間を過ごす。だが、どんなに厳しい修行をしても煩悩を滅することができず、懊悩《おうのう》のなかで延暦寺の修行に疑問をいだいた親鸞は、決然と比叡山を下り、生涯の師と仰ぐ浄土宗開祖・法然と邂逅《かいこう》。「すべての人が等しく救われる道は、念仏のほかになし」という絶対他力の教えに恬然と目を開かれるのだった。

妻帯について法然は「聖で申されずば、女《め》をもうけて申すべし。妻をもうけて申されずば、聖にて申すべし」と親鸞に説いた。坊さんの身で念仏できないというのであれば、嫁さんをもらえばよかろう。嫁さんがいるために念仏できないというなら、嫁をもらわなればよい。結婚するとかしないとかはどうでもよいこと。要は念仏のさまたげになるかどうか、この一点で判断すればよい――として、「大事なのは念仏申すことであり、世間がどう思おうといいではないか」ということを法然は告げたのである。

師の教えに納得しつつも、「だけど妻帯はまずいだろう」と、世間体を気にして腰が引けてしまうのが凡人。一流の人間は違う。「それは間違っている」と師に抵抗して信念を貫くか、「よし！」と決意し、妻帯を実行に移して見せるか。意識と行動が一体になっている。「ならば自分が妻を娶り、子供をなし、肉を食し、在家にあって念仏の道を歩こうではないか」――それが親鸞であり、異端であり、ラジカルなその行動によって後世、「仏教界の革命児」と評されることになる。

「誰もが差別なく阿弥陀仏に救われる」という法然の説く教えは庶民の心をとらえ、燎原《りょうげん》の火のごとく勢いを増していく。「既存」と「革新」が激しく対立するのは、是非を超えて世の常というものだろう。危機感をいだいた既存仏教勢力が朝廷を動かし、法然と親鸞は僧籍を剥奪され、京から追放されてしまうのだった。法然は讃岐（四国）へ、親鸞は当時、辺境の地とされた越後に流罪となる。リーダー論として親鸞を語る場合、ここで見落としてはならないのは、親鸞が我が身の不遇を嘆いていないことだ。凡人であれば、

「既存勢力と妥協し、適当にやっておけばよかった」と後悔もするだろう。この雪深い流刑の地で一生を終えるのかと絶望もするだろう。だが親鸞は、「なんと、ありがたいことか」と思ったのである。《大師聖人源空《だいししょうにんげんくう》（法然）、もし流刑《るけい》に処《しょ》せられたまはずは、われまた配所《はいしょ》におもむかんや。もしわれ配所におもむかずんば、なにによりてか辺鄙《へんぴ》の群類《ぐんるい》を化《け》せん。これなほ師教《しきょう》の恩致《おんち》なり》と記す。

「法然上人が、もし流刑にあわれなかったなら、私は流刑となって越後に赴《おもむ》くことはなかっただろう。もし私が越後に来なければ、京から遠く離れた越後の人々に布教する機会はなかっただろう。これはみな、法然上人のおかげである」

という意味で、国家権力によって僧籍を剥奪され親鸞は非僧非俗――「僧に非ず、俗に非ず」と宣言し、布教活動に邁進するのだった。親鸞はラディカルであると同時に、いかなる境遇に堕とされようとも、それをプラスに転じるしなやかさを持っていたということだろう。「柳に雪折れなし」と言われるように、一流のリーダーが具える資質の一つでもある。親鸞は流罪から五年目の一二一一年十一月に赦免され、妻子を連れて関東へ布教の旅に出る。関東で二十年の布教を終え、京に帰ったときはすでに六十歳を過ぎていた。帰京後は著作活動に専念し、八十九歳の波乱の生涯を終える。

発心即行動

吉田松陰（一八三〇〜一八五九）　松下村塾塾頭

吉田松陰《よしだしょういん》は、周知のとおり明治維新に大きな影響力を持った人物だ。松下村塾は十畳と八畳の二間で、約六十名ほどの小さな私塾であったが、ここから高杉晋作、伊藤博文、桂小五郎、山縣有朋、品川弥二郎、久坂玄瑞など錚々たる人材が巣立つ。

倒幕運動において、松陰自身が武器を持って戦ったわけではない。だが、この思想家がいなければ維新はどうなっていたであろうか。「人材育成」は、ときに万軍の兵力をも凌ぐ力と影響力を持つのだ。

松陰が塾生たちを惹きつけた力は、「理屈」より「行動」を説いた情熱にある。

「至誠にして動かざるもの未だこれあらざるなし」

という孟子の教えを自身の座右の銘とし、「学問は大事だが、行動を伴ってこその学問

である」――と塾生に説いた。あとで記すように、ペリー率いる黒船に密航を企てて幕府に囚われたとき、

「かくすれば、かくなるものと知りながら、やむにやまれぬ大和魂」

と、その胸中を詠み、いまもこの言葉に気持ちが揺さぶられる人間は多い。思いを遂げるための情熱と、死をも厭わない行動力。これに、志ある若者たちは胸を躍らせたのではなかったか。どんな思想も檄も、リーダーにそれを体現する行動力がなければ、人はついては来ない。

松陰の行動力を示すものとして、こんなエピソードがある。二十一歳の暮れ、東北に遊学を決心する。松陰は十九歳で藩校・明倫館の独立師範（兵学教授）に就任した逸材で、「水戸学」や「海防」などを勉強して見聞を広めるため、熊本藩士・宮部鼎蔵《みやべていぞう》と旅立つのだが、ここで一騒動が持ち上がる。藩からの関所通過書（身分証明書）を待っていたが、出発の日を迎えても届かなかったのだ。松陰は脱藩した。「友との約束は破れない」として東北へ向かったのである。脱藩は重罪であったが、関所通過書が届こうが届くまいが、約束は約束――これが松陰の生涯を貫く処し方であり、松陰自身の言葉を借りれば、

「士たるものの貴ぶところは、徳であって才ではなく、行動であって学識ではない」

ということになる。世渡り上手を蔑《さげす》み、机上の学問を振りまわす輩を痛烈に批判する。素晴らしいことだが、現実においては損な生き方だ。だが、損を承知で行動する男にこそ、信頼と人望は集まるのだ。

水戸、会津、弘前などをまわって江戸にもどったところで捕捉される。松陰は藩士の身分を剥奪され、父親の保護下に置かれることになるが、松陰の才を惜しんだ藩主は十年間の国内遊学の許可を与え、松陰は二度目の江戸遊学に出る。

そして一八五三年六月、松陰は浦賀に来航したペリー提督率いるアメリカ合衆国東インド艦隊を目の当たりにする。〝黒船〟の出現に国内は騒然となり、攘夷論者は「外国船を打ち払え」と叫ぶ。松陰もまた過激な攘夷論者であったが、そうした短絡的な思考はしないで、冷静にこう考える。

「いまの国防では太刀打ちできない。西洋列強から日本を守るためには西洋先進国を知ることである」

そして、翌年一月。ペリー艦隊が再び来航するや、松陰は長州藩足軽の金子重之助を伴い、夜陰にまぎれて下田に停泊中の旗艦ポーハタン号に小舟を漕ぎ寄せると、通訳官と漢文で筆談する。

「外国に行くことは禁じられているが、私たちは世界を見たい。密航が知られれば殺される。慈愛の心で乗船させて欲しい」

と、切々と訴えた文面が後年、アメリカで発見されているが、得体の知れない日本人がいきなり小舟を乗りつけ、アメリカへ連れて行ってくれと頼めば拒絶されるのは当然のことである。

だが、松陰はそうは考えない。発心したら行動あるのみ。「もし失敗したら」――ということはいっさい考えない。いや、〝次善の策〟を用意して行動することを潔よしとしないのだ。「至誠にして動かざるもの未だこれあらざるなし」――誠意を尽くして事にあたれば、どのようなものでも必ず動かすことができるという信念である。ここが松陰の魅力であり、時代を超えて多くの人が惹きつけられる理由の一つでもある。

密航に失敗し、幕府に捕らえられた松陰は、下田から江戸に護送される。途中、赤穂浪士が眠る高輪泉岳寺の前を通り過ぎた。赤穂浪士は、切腹を承知で義に殉じた。松陰は、彼らに我が身を重ねたのだろう。

「かくすれば　かくなるものと知りながら　やむにやまれぬ　大和魂」

という一句を詠むのだった。

やがて松陰は江戸から長州へ檻送され、野山獄（牢獄）に放り込まれる。幕府は、松陰の態度があまりに率直だったため、処分を長州藩にまかせ、引き渡したのである。そして牢獄を出たのち、松下村塾を開く。

松下村塾には時間割がなく、塾生が集まれば講義が始まる。塾生同士、あるいは松陰が加わって活発な論議がなされた。「僕は君たちに教えるのではない。君たちといっしょに学ぶのだ」というのが松陰の姿勢で、上下関係を捨て去り、自分のことを「僕」、門人に対しては「君」と呼んだ。塾生たちは松陰に心酔する。松陰は学問を机上で説いてよしとする人間ではなく、「行動の人」であり、信念のために命を懸けてきたことを知っているからである。リーダーの人望は、行動という「事実」の裏打ちがあって初めて得られるということか。

松下村塾は、長州藩によってわずか二年で閉鎖される。一八五八年、幕府が勅許《ちょっきょ》（天皇の許可）なく日米修好通商条約を結んだことに松陰が激怒し、老中・間部詮勝《まなべあきかつ》を暗殺するため、長州藩に武器弾薬の提供を願い出たことが原因とされる。「藩に拒絶されたらどうするか」とは考えない。発心即行動であった。勤王派と佐幕派とで国論が真っ二つに割れ、混沌として先の見えない時代。長州藩は松陰の過激思想を警戒して松下村塾を閉鎖。松陰を再び野山獄に投獄するのだった。

やがて大老・井伊直弼による「安政の大獄」が始まり、尊攘派の公卿や志士、水戸藩士など倒幕派に対して徹底的な弾圧が行われた。松陰もこれによって囚われ、長州から江戸・小伝馬町牢屋敷に檻送される。評定所で行われた詮議では、言い逃れをするどころか、老中・間部詮勝の暗殺計画を進んで披露し、「なぜならば」——と自分の信ずるところを滔々と述べたのだから、幕府が驚愕するのは当然だったろう。斬首刑を命じ、即日執行された。一八五九年十月二十七日、三十歳だった。

首切り役の山田浅右衛門は、死に臨む松陰の態度を回顧して、

「いよいよ首を斬る刹那の松陰の態度は、実にあっぱれなものであった。悠々として歩き運んできて、役人どもに一揖《いちゆう》し、〝御苦労様〟と言って端座した。その一糸乱れざる堂々たる態度は、幕吏も深く感嘆した」

と、その潔さを後々まで讃えた。

それほどに、松陰には「人を惹きつける力」と魅力があったのである。

我が成す事は我のみぞ知る

坂本龍馬（一八三五〜一八六七）海援隊隊長

坂本龍馬《さかもとりょうま》は幕末の大スターである。書籍にも、映画にも、テレビにもなり、そのどれもが年代を超えて大ヒットしている。これは作品の力もさることながら、私たちが潜在的にいだいている「龍馬人気」に負うところが大きいからだろう。彼の半生をよく知らずとも、「坂本龍馬」という名前を聞いただけで手放しで称賛する人は少なくない。

一方で、龍馬人気は、司馬遼太郎が書いた長編時代小説『竜馬がゆく』に依《よ》るとする声もある。「龍馬像は脚色である」というわけで、この説にはいささか批判のニュアンスがこめられている。

私は、龍馬人気が司馬の創作に依るものであれ、脚色であれ、あるいは素顔であれ、「龍馬の魅力を語る」ということにおいては、あまり意味をなさないと思っている。なぜなら、少なくとも私にとって龍馬は人間的魅力を仮託《かたく》する人物として存在しており、「あれはこうだった、これはこうだった、本当はこうじゃないか」――といった史実的な論議は歴史学者がやればいいことだと思っているからだ。

司馬の『竜馬がゆく』は、一九六二年六月から四年にわたって産経新聞夕刊に連載されたもので、これが書籍化されてベストセラーになり、いまも読み継がれている。NHK大河ドラマのほか、民放各局で何度もドラマ化された。つまり〝龍馬人気〟は、描かれるその半生において、私たちを惹きつける何かがあるということなのだ。

では、龍馬の魅力は何か、なぜ龍馬が多くの人を惹きつけるのか――。正面きってこう問われると、返答に詰まる人は少なくないのではあるまいか。

龍馬についてくわしい人であれば、「薩長同盟の締結」「海援隊の創設」「船中八策《せんちゅうはっさく》の起草」「大政奉還建言」といった業績をあげるだろう。テレビ東京は二〇〇四年一月、開局四十周年記念として『竜馬がゆく』を放送しているが、放送に先立つ番組紹介として、《原作者の司馬遼太郎が「維新の奇跡」と呼んだ男・坂本竜馬。土佐の下級武士の次男として生まれながら、飛びぬけた行動力と人間的魅力で維新の主役となり、絶対不可能と思われた「薩長連合」を成し遂げ、大政奉還によって誰も血を流さない革命を夢見た竜馬

の颯爽《さっそう》とした生き方を、激動の時代に若い命を燃やした志士たちの群像と、竜馬を愛した女たちの姿をまじえながら描く》

と、要領よくまとめている。

そのとおりだが、私は少し視点を変え、龍馬が私たちを惹きつける魅力は、

「地位も、後ろ盾も持たない一介の下級武士の次男が、勝海舟、西郷隆盛、桂小五郎といった大物たちと渡り合った」

という一点にあると思っている。なぜなら、どんな偉業も、しかるべき立場の人間がやったのでは魅力は半減する。偉業は「一介の人間」が成し遂げてこそ、その魅力は何倍にもなって私たちを惹きつけ、語り継がれるものであるからだ。

では、なぜ龍馬は、それを成し遂げることができたのか。もっと言えば、なぜ幕府の重鎮である海舟や、薩摩藩を代表する隆盛と交誼《こうぎ》が持てるようになったのか。本書でこれまで紹介してきた超一流人たちの「人間的魅力」は、リーダとして部下を惹きつける力について多くを記してきた。だが、龍馬の場合は、リーダーとして人を惹きつけたというより、人間的魅力と行動力でリーダーたちを惹き寄せ、手を組ませ、そして偉業をなした。組織のトップとしてではなく、〝扇の要〟となって歴史をつくったのである。

龍馬は一八三五年十一月十五日、土佐藩郷士で、裕福な商家に生まれた。学問のできはよくなかったようで、十二歳ときに塾に入るが退塾させられている。十四歳で高知城下の剣術道場に入門し、小栗流を熱心に稽古する。

「世の人は我を何とも言わば言え　我が成す事は我のみぞ知る」

十六歳のときに詠んだ短歌で、龍馬が残した和歌のなかでもっとも有名なものとして知られる。「世間がどう思おうと構わない。自分は、自分が信じた道を歩むだけだ」――と我は我なりという強烈な自負と、自信と、覚悟が伝わってくる。

《天に意思がある。としか、この若者の場合、思えない。天が、この国の歴史の混乱を収拾するためにこの若者を地上に下し、その使命がおわったとき惜しげもなく天へ召しかえした。若者はその歴史の扉をその手で押し、そして未来へ押しあげた》

とは司馬遼太郎が『竜馬がゆく』においてラストに叙述した一節だが、十六歳のときに詠んだこの和歌に、のちの波瀾万丈の人生を重ね合わせてみると何やら暗示的である。

佐幕派と尊皇攘夷派とに分かれ、混沌とした幕末の時代、尊皇攘夷の志士である龍馬は土佐藩を脱藩。一八六二年八月――二十七歳のとき、開国派の幕臣・勝海舟を斬るため屋敷を訪れるが、海舟と対面した龍馬は、海舟の人柄と、海舟が説く世界情勢と海軍の必要性に感服し、その場で弟子入りする。自説に固執せず、目からウロコが落ちれば、新しい景色を素直に受け入れる。歴史的な経緯には立ち入らないが、のち海舟の紹介で龍馬は西郷隆盛と出会い、信頼関係で結ばれていくのは、ひとえに龍馬のこの素直な性格によるのだろう。周知のように龍馬は、薩摩藩と長州藩の薩長同盟を熱心に説き、実現させ、日本の歴史は変わっていく。隆盛が龍馬を信じたからこそである。「一念、岩をも通す」という譬えごとく、「一介の人間」であろうとも、誠意と熱意に人は惹きつけられるということだ。

よく知られているように、龍馬は京都・近江屋で「十津川郷士《とつかわごうし》」を名乗る男たちに斬り込まれ、命を落とす。三十三歳だった。龍馬がいなければ薩長同盟は成らなかっただろうし、明治維新はどうなっていたかわからない。だが、明治新政府は龍馬には何の論功も行っていない。世間から注目もされない。維新から十六年がたった一八八三年、坂崎紫瀾《さかざきしらん》が高知の土陽新聞に『汗血千里の駒』を書き、これが大評判となったことでその名が知られるようになり、明治政府は正四位を龍馬に追贈する。

空前の龍馬ブームが起きるのは日露戦争だ。開戦直前の一九〇一年二月六日、皇后・美子の夢枕に男が立ち、「私が海軍軍人を守護致します」と語る。皇后はこの男を知らなかったので、宮内大臣・田中光顕にこのことを話し、男の特徴を告げると、土佐勤王党出身で元・陸援隊幹部だった田中は「龍馬ではないか」――と閃き、龍馬の写真を皇后に見せたところ、皇后は「この男に間違いない」と答えたという。龍馬は海援隊の創設者であり、海軍軍人を守護して不思議はない。この話が全国紙に掲載され、龍馬ブームが起こるのだった。

皇后の夢枕のエピソードは、開戦に臨んで国民の志気を高めるための〝国策的エピソード〟かもしれないし、本当にあったことかもしれない。だが、真偽はどうあれ、龍馬という「一介の男」が私心を捨て、日本の将来のために薩長連合を画策し、奔走したという事実は変わらない。

「世の人は我を何とも言わば言え　我が成す事は我のみぞ知る」

という毅然とした姿勢が人を惹きつけ、そして組織を、歴史を動かしいくのだ。

たとえ玉砕すとも、男子の本懐ならずや

浜口雄幸（一八七〇〜一九三一）政治家

「やる」か「やらない」か——。

自分の意志を決然と口にし、その言《げん》を守るため、石にかじりついてでも成し遂げようとすることを「有言実行」という。リーダーの魅力は事の成否ではなく、「有言」に対してどこまで本気で取り組んだか、その信念と処し方にあるのではないか。右翼の凶弾に倒れた浜口雄幸《はまぐちおさち》元首相は、そのことを私たちに教えてくれる。

大正から昭和初期にかけた激動の時代、口髭をたくわえた四角張った顔と、大きな声から浜口は「ライオン宰相」と呼ばれ、謹厳実直な人柄が国民から親しまれた。立憲民政党初代総裁に就任した初の総選挙で圧勝し、「浜口氏個人の勝利である」と、東洋経済新報記者でのちに首相となる石橋湛山《いしばしたんざん》は評した。

当時の日本は長い不況に苦しんでいた。対中国政策をめぐって、軍靴の足音も遠くに聞こえ始めている。この日本をどうすればいいのか。国民の期待を一身に背負い、首相に就任した浜口は難しい舵取りを迫られていた。

首相就任に際して、浜口は家族にこう言い置く。

「仮令《たとえ》玉砕すとも、男子の本懐ならずや」

途中で倒れたとしても、もとより男として望んだことである——という意味で、「覚悟しておけ」と伝えたのである。

彼の念頭にあったのは、ロンドン海軍軍縮条約の締結と、経済立て直しのための金解禁の断行であった。「やる」と公言し、命を懸け、そして殉じる。リーダーの魅力とは何かということを念頭に、浜口の生き方をトレースしてみたい。

一八七〇年四月一日、浜口雄幸は林業を営んでいた水口胤平《たねひら》の三男として、土佐国長岡郡五台山（現・高知市）に生まれる。姓が異なるのは、婚姻によって浜口家に養嗣子（家督相続のための養子）に入ったからだ。ちなみに「雄幸」という一風変わった名前は、本来「幸雄」であったものが、父親が出生届を出しに役所に行く途中で酒を飲み、酔っ払って出生届を記入したため、名前が前後逆になったという逸話が残っている。

第三高等中学校から帝国大学法科（現・東京大学）を経て大蔵省（現・財務省）に入省するが、上司と衝突して地方回りをさせられることになる。見かねた先輩や友人が嘆願を行って東京に呼び戻したというから、浜口の一徹な性格に人間としての魅力も感じていたのだろう。

逓信次官、大蔵次官を務めたあと、一九一五年、立憲同志会から衆議院選挙に出馬して当選。加藤高明内閣の大蔵大臣、第一次若槻禮次郎内閣の内務大臣などを歴任し、立憲民政党初代総裁として選挙に圧勝するのは、すでに紹介したとおりだ。

一九二九年七月、首相に就任した浜口は「緊縮財政」と「協調外交」を打ち出した。これに対して野党政友会と海軍軍司令部は、「軟弱外交」「屈辱外交」と批判。「膨張財政」「自主・強硬外交」を主張して激しく対立するが、浜口はこれを押し切り、ロンドン海軍軍縮条約の締結に成功する。「我国の貧しきを以て米国に追従せんことを到底思ひも寄らず」――米国を相手に軍拡競争をするのは愚の骨頂であるとした。

正念場は「金解禁」だ。

金解禁を一言で説明すれば「金貨及び金地金の輸出許可制を廃止して、金本位制に復帰する」ということだ。金本位制は「一国の貨幣価値（交換価値）を金に裏付けられた形で金額で表すもの」であることから、「商品の価格」は「金の価値」を標準として表示される。世界経済の安定に欠くべからざるもとして、各国が協調して金解禁に踏み切るなかで、日本は国内の経済不安から金の輸出を禁じていたのである。

だが、金を解禁するにはデフレ対策が必要だ。緊縮財政は国民に痛みを伴うし、軍備予算の大幅削減に軍部は猛反発する。そんなことから、金解禁が俎上に上がって十八年間、八代の内閣が手つかずだったものを、浜口が敢然と挑んだのだ。

元日本銀行総裁・井上準之助を大蔵大臣に据えると、金解禁に先立ち、財政緊縮政策として徹底的な軍事費削減と官吏の減俸を行った。高級官僚が一割、総理自身は二割カット。さらに総理機密費だけでなく、総理警備費もゼロにした。率先垂範という浜口らしい処し方だが、これが仇になり、一九三〇年十一月十四日、東京駅で浜口は銃撃されることになるが、これについてはあとで記す。

浜口の、いや日本国民にとって不幸だったのは、金解禁という大英断を表明した一九二九年十月二十四日、ニューヨークのウォール街で株式市場が大暴落したことだ。世界大恐慌の始まりであった。

金解禁は、結果として裏目に出た。日本経済は貿易不振にあえぎ、不景気によって労働

争議が多発。軍部、右翼が浜口を激しく批判し、官邸襲撃の噂が飛んだが、

「逃げ隠れして一国の総理がつとまるか」

浜口は平然と言い放ったという。浜口にしてみれば、大恐慌にホゾを噛む思いだったろう。金解禁の時期について後悔も脳裏をよぎったはずだが、すべては結果論である。「やる」と決断したら、やり切る。決断において後悔せず、結果については可能な限りの手を打つ――そんな信念が、この言葉を吐かせたのではなかったか。

そして、一九三〇年十一月十四日午前八時五十八分、東京駅――。神戸行き特急「燕」に乗車するため、浜口は第四ホームを一号車に向かって移動中、愛国社の佐郷屋留雄《さごやとめお》に至近距離から銃撃される。弾丸は骨盤を砕いていた。東京帝国大学医学部附属病院に救急搬送され、腸の三割を摘出する大手術を受けて一命を取り留める。

浜口の凄まじさは、ここからだ。野党は「総理が国会に来れない以上、政権を野党に渡せ」と国会で責め立てた。浜口は絶対安静で、起きられる状態にはなかったが、国会に出る決心をする。首相という地位に固執したのではない。首相を拝命したとき、「仮令玉砕すとも、男子の本懐ならずや」と家族に伝えた、その信念の実践である。

浜口は娘を枕元に呼んで言った。

「おまえに最後の頼みがある。自分は国会に出る。会期中に国会に出るという総理の約束は、国民に対する約束である。出るといって出ないのでは、国民を欺く。国民との約束を総理たる者が破ったら、国民は一体何を信用して生きていけばいいのか。だから自分は言い訳などしないで、死んでもいいから国会に出て、国民に対する約束を果たす。だからおまえ、お母さんやお医者さんを口説いてくれ」

目に涙を浮べて懇願したという。

医者は、命の保証はできないと反対したが、浜口は引かなかった。

「命にかかわるなら、約束を破ってもいいというのか。自分は責任を全うしたいのだ。それで安心立命を得ようとしているのだ。邪魔をしないでくれ」

だが、靴が履けない。衰弱した身体に革靴が重く、よろけてしまうのだ。だが、まさか靴を履かないで行くわけにはいかない。そこで浜口は布を靴の形に切ると墨を塗り、それを足に巻きつけ、あたかも靴を履いているように見せかけて国会に立った。浜口は、そういう男だったのだ。

翌年の八月二十六日午後三時五分、逝去。葬儀は日比谷公園で行われたが、沿道は別れを惜しむ人垣で、霊柩車はスピードを十キロに落とさなくてはならなかったという。

周囲を巻き込む破天荒快男児

本田宗一郎（一九〇六〜一九九一）本田技研工業創業者

破天荒な快男児――。本田宗一郎《ほんだそういちろう》の魅力は、この一語に集約される。夢を追いかける情熱と努力、社員を思いやる愛情、そして武勇伝と稚気。これらが渾然一体となって激しく渦を巻き、周囲の人間を引き込み、虜にしてしまう。宗一郎の「人を惹きつける力」は、まさにこの破天荒な生き方そのものにあるのではないか。

一九〇六年十一月十七日、静岡県光明村（現・浜松市）に鍛冶屋の長男として生まれる。家が貧しかったため、高等小学校を終えると、東京・本郷湯島にあった自動車修理工場「アート商会」に丁稚奉公する。同社で六年ほど働いたあと、主人に認められ、二十二歳のとき郷里に帰って「アート商会浜松支店」を開業。当時、トラックも乗用車も車輪のスポークは木製だったが、宗一郎は鋳物製のスポークを考案して特許を取得して、開業からわずか三年で工員五十人をかかえるまでに急成長する。

それに連れて、遊びもハデになっていく。芸者を買っては、飲めや歌えの大騒ぎ。お花見で一杯やった帰途、車の中で芸者にお燗させて飲み続け、酔っ払い運転の宗一郎は天竜川に架かる橋の欄干をなぎ倒して川に突っ込む。幸い橋の高さが低く、車は水ぎわ寸前で止まったので命は助かったという。

あるいは、友人と二人で料理屋の三階で飲んでいたときのこと。芸者が生意気な口をきいたらしく、酔っていた二人は怒って窓から外へ放り投げたのである。芸者の身体が電線に引っかからなければ命はなかったろう。「きわどいところで助かったのは、私の方だともいえる」と宗一郎は述懐している。

財界人ともなれば、芸者遊びのことはもちろん、こうした失敗談は隠したがるものだが、宗一郎はあっけらかんと語る。税務署員と喧嘩したときは、頭にきてホースで税務署に水をかけたという武勇伝についても明かしている。宗一郎の魅力は破天荒な生き方もさることながら、そのことを隠そうとしない大らかさが人を惹きつけるのだろう。

二十八歳のとき、修理業から製造業へ飛躍を試み、ピストンリングの製造に乗り出す。顔面神経痛になるほどに悩んだ末の決断であったというから、遊びも仕事も全身全霊を懸けるということで、このことも宗一郎の魅力の一つになっている。

だが、技術が未熟であったため、見事にコケる。宗一郎は工場に泊まり込み、毎日、明け方まで鋳物と格闘し、疲れてくると酒を一杯ひっかけてゴザの上でゴロ寝した。このときの心境を、宗一郎は自著『本田宗一郎　夢を力に　私の履歴書』（日経ビジネス人文庫）に、こう記している。

《私が一生のうちで最も精魂をつくし、夜を日に継いで苦吟し続けたのはこのころである。たくわえも底をつき、妻の物まで質屋に運んだ。ここで挫折したら皆が飢え死にするとがんばったが、仕事はさっぱり進展しない。絶体絶命のピンチに追い込まれた》

こうして二年の苦闘を経て、ようやく量産体制にこぎつけるのだが、宗一郎は後悔の言葉を一語も発していない。ここが凡庸なリーダーと決定的に違うところだ。

「成功者は、例え不運な事態に見舞われても、この試練を乗り越えたら必ず成功すると考えている。そして、最後まであきらめなかった人間が成功しているのである」

とは宗一郎が遺した名言の一つだが、これから宗一郎を何度となく襲うことになる試練の最初が、この製造業への転換ということになる。

一九四五年、終戦を機に宗一郎はモーターバイクの製造に舵を切る。戦時中、軍が使用していた通信機の小型エンジンが格安で手に入ることから、これを自転車につけるというアイデアが閃く。事業家としての〝先見の明〟である。これが大当たりし、さらにオートバイの製造に乗り出し、一九四九年、伝説となった「ドリーム号」を世に送り出す。

宗一郎の〝破天荒さ〟は、ここからだ。世界の頂点に立つには、より良いエンジンを開発しなければならない。そのためには、より高性能の工作機を輸入する必要がある。だが、その価格は四億五千万円もする。初任給一万円の時代で、しかも会社の資本金はわずかに六百万円。会社が傾くほどの投資になる。大反対する社員たちに、宗一郎は言った。

「会社はつぶれるかもしれないが、機械そのものは日本に残る。それは必ず日本の産業界に役立つはずだ」

そして増資に踏み切り、工作機械を購入する。信念に裏打ちされた度胸だ。それも破天荒な度胸である。経営判断の視点からは是非はあるだろうが、この度胸と信念こそが宗一郎の持ち味であり、「社員を惹きつける力」になっていることに異論を挟む人はいまい。

この工作機をめぐって、宗一郎の人柄を示すエピソードがある。高価なこの機械を、何と社員が壊してしまうのだ。青くなり、ビクビクしながらそのことを報告する社員に宗一郎は言った。

「ケガはないか？」

思いもかけない言葉に社員は戸惑い、「ありません」と答えると、

「それはよかった」

と嬉しそうな顔をしたという。仕事には厳しい人間であったが、社員思いで情に篤いところがある。のち、宗一郎について、河島喜好《かわしまきよし》（元・ホンダ社長）は、こう語っている。

「おやじさんの怒鳴る、ぶん殴るは、古い時代の親方の徒弟に対する感覚です。しかし、言ってることは職人気質と正反対。新し過ぎるくらい近代的な経営者の感覚なんだ。このめちゃくちゃに矛盾しているところが、良くも悪くも本田宗一郎ですよ。コンチキショウって思いながら、なるほど、と感心させられるところがある。それで、途中で辞めもせずに、後を追いかけていったんです」

あるいは、ホンダのバイクがアメリカで人気となり、その余波を受けてハーレーが経営危機に陥ったとき、「ハーレーはアメリカ人の魂だから絶対につぶすな」と宗一郎が命じ、ホンダは水面下でハーレーに技術提供をしたと言われる。

鉄拳も振るえば、情にも篤い。発想に富み、時代を見抜き、近代的な経営感覚も身につけている。若いころは芸者遊びも堪能した。この人間としての〝振幅の大きさ〟が宗一郎

の魅力ということになるだろう。

二輪メーカーとして世界の頂点に立ったホンダは、念願の四輪乗用車に進出する。一九六七年春、軽自動車N360で勝負を懸け、低価格で高出力の「Nコロ」はたちまちベストセラーとなる。

こうして宗一郎は、その半生において何度目かの絶頂期を迎えるが、〝地獄〟を見るのはここからだった。アメリカで社会問題になっていた「欠陥車問題」が日本に飛び火し、消費者団体がベストセラーカーであるN360をターゲットにして欠陥車キャンペーンを展開。訴訟まで起こしたのである。結局、不起訴になるのだが、ホンダが受けたダメージは大きく、N360は発売からわずか五年で生産中止に追い込まれたのだった。

企業存亡の危機に直面してなお毅然たる態度を貫く宗一郎は、東京地検に呼び出された開発責任者に対して「難関にぶつかったときこそ、問題を注視して、真正面からとらえろ」と励ましている。ここまで度胸のすわったトップはいまい。

叩きのめされたホンダは一九七〇年、CVCCというクリーン・エンジンの開発に成功し、これをシビックに搭載して不死鳥のごとく蘇る。組織の命運は、リーダーの「人力」にあることを、本田宗一郎は私たちに教えるのだ。

不退転の気魄「やってみなはれ、やらしてみなはれ」

佐治敬三（一九一九〜一九九九）サントリー会長

サントリーは二〇一四年、一兆六五〇〇億円の巨費を投じて米ビーム社を買収し、蒸留酒で英・ディアジオ、仏・ペルノ・リカールに次いで世界第三位のグローバル企業になった。創業者の鳥井信治郎《とりいしんじろう》が「やってみなはれ」の精神でタネを播き、そのあとを継いだ次男の佐治敬三《さじけいぞう》がこの一語に「やらしてみなはれ」をつけ加え、

「やってみなはれ、やらしてみなはれ」

というチャレンジ精神で、今日のサントリーを築きあげた。

「やってみなはれ」はサントリーのＤＮＡとも言うべきもので、佐治は信治郎から耳にタコができるほど聞かされたそうだが、「やってみなはれ」は提案に対してトップがゴーサインを出すもので上意下達。となれば、結果に対する責任は誰が負うのか。社員が存分

にチャレンジ精神を発揮するには、社員に責任を問うてはならない——こう考えた佐治は、「やってもいいぞ」に「結果については上司が取る」という意味の一語を加え、「やってみなはれ、やらしてみなはれ」として、この言葉を役員室に掲げた。

佐治はウイスキー事業からビール事業へと展開する一方、同社を「生活文化企業」と位置づけ、サントリー美術館やサントリホールなどの文化事業に資金を投じて成功させていく。佐治が亡くなるのは一九九九年十一月三日だが、いまもこうしてビジネリーダーたちを惹きつけるのは、チャレンジ精神に加えて、リーダーに「責任」という覚悟を迫る不退転の気魄《きはく》ではないだろうか。

佐治の正念場は一九六三年、「第二の草創期」と位置づけたビール事業への進出である。当時、ビール業界はキリン・サッポロ・アサヒの大手三社による寡占状態で、これまで何社か進出を試みたが、ことごとく敗退している。その〝難攻不落〟の業界に、なぜサントリーはチャレンジしたのか。

佐治は記す。

《ウイスキー事業は、オールド、トリスを基軸に、第一次洋酒ブームとも呼ぶべき順風に恵まれていた。しかし、このままでは会社の将来が不安だ。社内の空気をピンと緊張させ、社員の挑戦心をかきたてるためにも、ひそかに暖めてきた最難関のビール事業に敢えて挑戦しようと決意した。》（『私の履歴書　経済人29』日本経済新聞社）

順風満帆であることに危機感を抱く気持ちはわかる。社員の意識を引き締めようとするのも当然だろう。だが、そのために「最難関」と承知する事業にチャレンジする経営者は、佐治をおいていないだろう。

ビール事業進出は、実は父親の信治郎の志でもあった。一九二八年に手を染め、販路の開拓など六年間の悪戦苦闘のすえ敗退している。それから二十六年を経て、佐治が再チャレンジを決意することになるのだが、その決意を、自宅で静養していた信治郎の枕元で告げると、信治郎はしばらく考え込んでから、

「わてはこれまでウイスキーに命を賭けてきた。あんたはビールに賭けようというねんな。人生はとどのつまりは賭や。わしは何も言わん。やってみなはれ」

こうして背を押して二年後、信治郎はサントリービールの発売を待たずして亡くなるのだった。

佐治は一九一九年十一月月一日、鳥井信治郎の次男として大阪に生まれる。佐治姓を名乗っているのは、小学校のときに母方の縁者との養子縁組によるものだが、戸籍上そうな

っているだけで、実父母のもとで暮らしている。大阪大学理学部を卒業後、学者を志すが、実兄が急逝したため、サントリーの前身で、信治郎が創業した「寿屋」に入社する。

社名を「サントリー」と変更するのは一九六三年三月、ビール発売を期してのことだった。「洋酒の寿屋」として親しまれたブランドとの訣別であり、乾坤一擲《けんこんいってき》の勝負を賭けたのである。だが、ビール業界の壁はとてつもなく厚かった。販路もままならず、消費者にもそっぽを向かれた。「色がうすい、中身もうすいやろ」「サントリービールはウイスキーの香りがする」とまで酷評されたのである。

一筋の光明はあった。ビアホールだ。ここで提供するサントリーの生ビールは評判がよかった。生き残るには生ビールしかない。そう決心した佐治は生ビールに賭けた。こうして達成したのが、生ビールを生のまま瓶詰めにして発売するというビール史上最大の革命であった。商品名はズバリ「純生」。一九六七年四月に発売すると、販路拡大のため、通称「新撰組」と呼ばれる精鋭部隊を組織して盛り場に投入、飲食店に直接営業をかけることでシェアを伸ばしていくのだった。

サントリーの宣伝は定評がある。いくつも広告関係の賞を受賞しており、宣伝の巧みさは「やってみなはれ」と同様、サントリーのDNAといってよい。その嚆矢《こうし》が寿屋時代、「赤玉ポートワイン」の宣伝ポスターに女性ヌードを登場させたことだ。一九二二年だから大正十一年。女性が人前で肌を露出することが許されなかった時代だ。日本初のヌードポスターに世間はド肝を抜かれ、モデルの女性は風紀紊乱《ふうきびんらん》に当たるとして警察から取り調べを受けた。それだけに反響はすさまじく、「赤玉」は驚異的な売上げを記録する。

「いいものを作ってもそれを知ってもらわないことには売れへんのや」

というのが、信治郎の信念であったという。

信治郎と佐治は、果敢な攻めによって事業を切り拓いてきたリーダーだが、二人に共通するのは、「情《じょう》の人間」であるということだ。「情」はビジネスにおいて数字としては現れにくいものだが、「情」なくして人を惹きつけることはできない。信治郎は毎年暮れになると、身寄りのないお年寄りのために餅をつき、毛糸の股引《ももひき》やシャツを配ったという。通称「釜ヶ崎」の一角に無料診療所も開いた。また、信治郎は利益三分主義を唱え、その一分は社会に恩返しすることを信条としたという。

佐治は、その父の背中を見て育った。結婚して長男の信忠（サントリーホールディング会長）を出産した直後、妻が二十一歳で早世するという人生の悲哀も経験している。だから当時、「寿屋」の社員であった女性から、子供のミルク代が足りないと窮状を訴えられ、

身につまされた佐治は彼女の夫が同人誌に関わっていると聞いて、

「ほならあんたの旦那に宣伝文を書いてもろうて、もってこさしなはれ」

と告げる。

この夫が、のち芥川賞を受賞する開高健であり、やはりのち直木賞を受賞する山口瞳とともにサントリー宣伝部を牽引し、事業の発展に大きく貢献していくことになる。ミルク代が足りないと窮状を訴えられたとき、佐治が情にほだされ、手を差しのべることがなければ、サントリーはもっと違った会社になっていたかもしれない。

結局は、リーダーの人格なのだ。情なきリーダーは人を惹きつけることがないため、事業も組織の発展も期待できないのは道理ということになる。

〝熱血漢〟別格のメッセージ力

星野仙一（一九四七〜）プロ野球監督

熱血漢である。

それも、問答無用の〝瞬間湯沸かし器〟だ。

中日ドラゴンズの山本昌《やまもとまさ》投手が、二度に渡って星野仙一《ほしのせんいち》監督に仕えた当時を振り返り、自著『継続する力』（青志社）でこんなふうに記している。

《怖い。とにかく怖かった。

「ノーアウトから打たれやがって！」

「1アウトから打たれやがって！」

「2アウトから打たれやがって！」

理不尽なことを言って怒鳴りつける。怒鳴られるだけじゃない。ときに鉄拳が飛んでくるのだから、怖い。昔の映像を見ると、ピンチの場面で僕はチラチラとベンチを見ている。星野監督が怒っているのかどうか、気にしているのである。鉄拳と、嫌みと、怒声。いまでも電話でしゃべるだけで、僕は直立不動になってしまう。》

理不尽どころか、武闘派のパワハラである。プロ野球界が〝体育会〟であることを考慮しても、いまの時代、問答無用で鉄拳を飛ばせば、指導者は資質が問われ、批判にさらされるだろう。

ところが星野のだけは別格だ。メディアも容認するし、鉄拳を見舞われた当の選手でさえ、「なぜ自分は星野監督に惹かれるのだろうか」――と自問する。先の山本昌が書いた『継続する力』は私も編集に携わったのでよく覚えているが、山本は星野について「理不尽」「筋が通っていない」――と笑いながら語ったあとで、

「それでも僕は星野監督が好きです。その理由が何なのか、いつも自問する」

と真顔でつけ加えた。星野に惹かれる理由が明確になれば、現役最年長の先輩として、若手たちを引っ張っていけるのではないか。あるいは、いつの日か、選手を指導する立場になれることがあれば、そのときの参考にできるのではないか――というわけだ。

山本は二〇一五年、五十歳で引退を表明したが、ドラゴンズの生え抜きである。したが

って、ドラゴンズの監督を二度にわたって務めた星野の魅力について、もっともよく知る一人といっていいだろう。

その山本が、星野の魅力について、こんなふうに自著に記す。

《僕なりに星野監督の魅力を分析してみると、「選手のために」というキーワードにいきつく。鉄拳も、嫌みも、怒声も、すべて選手のためを思ってのことなのだ。入団早々、こんなことがあった。先輩に「ジュース買ってこい」と言われ、自動販売機で二本買って取出口に手をいれたら、後ろから頭をバチンと叩かれた。誰だと思って振り返ったら星野監督だった。「どうしたんだろう、ジュース買っちゃいけないのかな」と思ってキョトンとしていたら、「おまえ、左手を販売機に突っこみやがって、この野郎！　突き指したらどうするんだ！」怒鳴りつけられた。それ以来、ジュースは全部、右手で取るようになった。頭を叩かれはしたが、僕のことを思ってのことだと感激したものだった。》

打たれて怒られ、抑えて怒られ、誉められることは皆無に近かったそうだが、星野は我慢して山本昌をゲームで使い続けた。そのおかげで、山本は沢村賞のほか最多勝3回など多くの記録をつくる。二百勝をあげて名球会にも入った。

《いくら怒られても、これでもかと使ってくれたからこそ、これだけの成績があげられ

たし、経験が積めた。すべては「選手のため」という星野監督の熱い思いが選手には伝わるのだ》

と山本は感謝の気持ちを綴っている。

山本の記述で上司が肝に銘じるべきは、《熱い思いが選手には伝わるのだ》という一節である。野球チームであれ企業であれ、それが戦う集団である以上、何かにつけて上司が部下を叱責するのは当然だが、大事なことは、叱責そのものの効果よりも、〝叱責の動機〟を部下がどう受け止めるかということだ。「上司の立場」や「上司の保身」から発したものであると部下が感じたならば、叱責は反発を生み、マイナスに作用する。

そうではなく、「私のために叱ってくれている」と部下が得心したなら、それは感激になる。心酔もする。この上司の期待に応えたい――と、部下は渾身の努力を傾注することだろう。上司が〝愛のムチ〟のつもりでいても、〝愛〟が部下に伝わらなければ、それは単なるパワハラに過ぎないということなのである。

言い換えれば、〝愛のムチ〟であることを、どう部下にメッセージするか。ここにポイントがある。超一流と呼ばれるリーダーは、このメッセージ力に優れているがゆえに、人を惹きつけるのだ。

山本昌がプロ初勝利をあげたとき、監督だった星野は「監督賞」として、山本の背番号34に引っかけ、三十四万円を封筒に入れて渡している。節目となる百五十勝をあげたときは、スイス製の高級時計をプレゼントしている。時計の裏面に百五十勝の祝福のメッセージと「星野仙一」の名前が刻印してあった。これに山本がどれほど感激したか、想像がつくだろう。叱責、怒声、鉄拳という「負のインパクト」が大きければ大きいほど、情もまたそれに比例して相手の心を揺さぶる。人間の心はオセロゲームのようなもので、ちょっとした気づかいが一瞬にして逆転勝利を呼び込むのである。

星野は自著『新装版　迷ったときは前に出ろ！』（青志社）において、「鬼上司」について、こんな持論を記している。

《ミスはミスとしてきちんと指摘してやる。これが本当の愛情なのだ。本当にその部下が可愛かったら、きちっと怒らなければならない。私は選手が可愛いから、本気で怒るのだ。嫌われたっていいじゃないか。あとで必ず感謝されるときがきっと来るはずである》

漫然と感謝されるときがくるのを待つのか、それとも人心収攬の一法として「負のインパクト」を「情」によってオセロゲームの逆転とするか。人間関係に打算がつきものである以上、テクニカルなものとしての人心収攬術は必要だ。だが、同じ人心収攬術であっても、超一流は本気で部下のことを思い、二流は小手先の技術としてこれを用いる。両者の差は、技術を超えた人心収攬術に昇華するかどうか、この一点にあるのだ。

星野は中日、阪神、楽天の各監督を経て、二〇一五年より㈱楽天野球団取締役副会長を勤めている。一九四七年一月二十二日、岡山県倉敷市生まれの六十八歳。雀でさえ、百歳まで踊りを忘れないという。まして熱血漢の星野のことだ。そろそろ熱い血が滾《たぎ》り始めているころだろう。

〈第4章〉 人を惹きつける「人生観」

我が身を離れ、我が人生を高みから俯瞰し、我はいかに処すべきかを決める。「私」より「公」、「自分」より「相手」を第一義とする生き方に、人は全幅の信頼を置く。

戦国乱世に咲いた一徹

高橋紹運（一五四八〜一五八六）戦国武将

薩摩・島津軍による九州制覇の野望を打ち砕いた武将が、高橋紹運《たかはしじょううん》だ。一五八六年、手勢わずか七百六十三名を率いて岩屋城（福岡県太宰府市）に籠城し、島津軍五万を迎え撃つ。紹運は半月を持ちこたえて玉砕するが、島津軍は死者三千名という甚大な被害をこうむり、軍備立て直しに手間取ったため、豊臣軍の九州上陸を許し、島津軍は敗走する。

秀吉は、紹運の忠節義死に対して、

「この乱れた下克上乱世で、紹運ほどの忠勇の士が鎮西（九州）にいたとは思わなかった。紹運こそ、この乱世に咲いた華である」

と、その死を惜しんだと言われる。

秀吉にしてみれば、自分に忠節を誓って死んでいったのだから、紹運を誉めるのは当然だろう。玉砕を覚悟した籠城戦の是非については評価はさまざまあるし、五万の軍勢に対して、七百六十三名で応戦するのは無謀を通りこしている。

だが、ここで見落としてはならないのは、勝機がまったくないにもかかわらず、七百六十三名のうちのただ一人として、逃亡も投降もしていないことだ。それほどに紹運は将兵から慕われ、信望を集めていた。岩屋城の戦いが後世に語り継がれるのは、リーダーのあるべき姿を紹運に見るからである。

この戦いを現代社会に置き換えれば、岩屋城は企業で、将兵はそこに勤務する社員。倒産はすでに秒読み段階に入っているが、グループ企業全体のことを考えれば、可能な限り同社を持ちこたえなければならない。問題は、経営トップが玉砕の覚悟を求めても、果たして社員たちがそれに従ってくれるかどうか。沈みゆく船からネズミが一斉に逃げ出すように、社員たちは再就職先を求めて我先に走り出すのではないか。こう考えたとき、紹運の人を惹きつけて放さない魅力というものに改めて驚嘆することだろう。

紹運は豊後大友氏の家臣で、旧名を吉弘鎮理《よしひろしげただ》という。高橋という姓は、主君・大友宗麟の命により、名門「高橋氏」を継いだものだ。一五七八年、数え三十一歳のときに剃髪して法名「紹運」を名乗る。

紹運の魅力について結論から記すと、「信義を貫く」という生き方にある。信義が揺らぐのは損得勘定が脳裏をよぎるときで、これを逆説的に見るなら、「信義を貫けない人間は、損得勘定によって立場を変える」ということになる。これを変節と呼び、蔑《さげす》みの対象となるのは承知のとおりだ。

だが同時に、現実において信義を貫くというのは至難のワザであることもまた、私たちは身にしみて知っている。だからこそ、紹運の一徹さに惹きつけられるのではないか。

こんなエピソードがある。

紹運が婚約したときのことだ。相手は、同じく大友氏の家臣である斎藤鎮実《さいとうしげざね》の妹だが、相次ぐ戦のため婚儀が延期になっていたところ、婚約を断ってきたのだ。疱瘡《ほうそう》に罹り、容貌が悪くなってしまったため、妹を嫁がせるわけにはいかないと鎮実は告げた。

これに対して、紹運はこう返答する。

「私は容姿に惚れて婚約を決めたのではなく、内面に惹かれたのだ。容姿が変わろうとも問題はない」

妻として迎え、六子を儲け、夫婦の仲睦まじさは評判になるほどだった。

心温まる話だと言えば、そのとおりだ。だが、いざ自分が紹運の立場になったらどうであろうか。当時のことだから、見合いを含めて何度か顔を会わせた程度だったはずだ。紹運は「内面に惚れた」と言ってはいるが、そこまでの愛情を抱いていただろうか。察するに紹運は、彼女と兄の鎮実に対して「信義」を貫いたのではなかったか。先方から断ってきたのだ。「じゃ、そういうことであれば」――と破談にしても一向に差し支えないし、そうしたくなるのが人情というものだろうが、紹運はそうはしなかったのである。

あるいは、長男の統虎《むねとら》が、大友氏の家臣・立花道雪に請われて養子に出すとき、紹運は備前長光の脇差しを与えて、こう告げている。

「道雪殿を実の父と思って慕いなさい。もし、道雪殿とわしが争うことになったなら、この太刀でわしを討て」

なにもそこまで――と思うのは凡庸な私たちであって、そこまで厳しい姿勢を貫くからこそ、紹運の信義が光る。配下の武将たちが紹運に惹かれる理由は、ここにある。トップに全幅の信頼をおけば心酔となり、ほんのちょっとした疑心が〝蟻の一穴〟となって、信頼という堤を崩壊させていくのだ。

岩屋城の戦いで、寄せ手の大将・島津忠長は紹運に降伏勧告をする。多勢に無勢で、これ以上は意味のない戦いだと思ったからだ。

忠長は、紹運にこう告げる。

「なぜ仏法を軽んじ、キリスト教に狂い人心を惑わす非道の大友氏に尽くされるのか。貴殿の武功は十分証明された。降伏されたし」

大友宗麟は〝キリシタン大名〟と知られ、そのことを揶揄しての勧告であったが、これに対して紹運は櫓《やぐら》の上から答える。

「主家が隆盛しているときは忠勤に励み、功名を競う者あろうとも、主家が衰えたときには一命を掛けて尽くそうとする者は稀である。貴方自身も島津の家が衰退したとき主家を捨て命を惜しむのか。武家に生まれた者として恩・仁義を忘れるものは鳥獣以下である」

義に殉じる紹運の毅然たる言葉に、敵方からも感嘆の声が挙がったという。

籠城のすえ全軍玉砕し、紹運は切腹して果てる。紹運の首は忠長のもとへ運ばれるが、このとき具足の引き合わせに忠長宛ての手紙が見つかる。

《ひとえに義によってである。理解していただきたい》

と認めてあったという。これを読んだ忠長は地に正座し、「我々は類まれなる名将を殺してしまった」と涙したと伝えられる。信義は貫き通せば、部下だけでなく、仇敵さえも惹きつけるのだ。

改革派リーダー〝御旗〟の掲げ方

上杉鷹山（一七五一～一八二二）米沢藩主

危機にある組織を、どう建て直すか。

施策はもちろん、リーダーの人望が何より問われる。なぜなら成長期にある組織は人心が未来という一つの方向に向いているため、凡庸なリーダーであっても組織を束ねることはできる。だが、危機にある組織は、そうはいかない。改革は痛みを強いるため、「本当にそれでよくなるのか」という疑心を生み、指示を出すリーダーと、それに従う者たちが対立の構図になってしまうからである。

そう考えると、危機にある組織を建て直すのは、「この人の言うことを信じる」という信頼感――すなわち、人を惹きつける力が成否を決定づけることになる。

上杉鷹山《うえすぎようざん》は、破産に貧した米沢藩を見事に建て直してみせた。

「なせば成る　なさねば成らぬ何事も　成らぬは人のなさぬ成りけり」

という鷹山が残した火を吐くような言葉は、まさに一国を建て直そうとするリーダーの不退転の決意でもある。ジョン・F・ケネディ元大統領が、日本人記者団から「最も尊敬する日本人は？」と問われ、上杉鷹山の名をあげたことはよく知られている。鷹山は倹約、地場産業の振興、そして学問の奨励を三本柱に据えて米沢藩を立て直した。日本人記者団のなかには鷹山のことをよく知らない者もいて、ケネディ元大統領の評価に驚いたともいわれる。

鷹山とはいかなる人物なのか。その経営手腕をたどりつつ、鷹山がいかにして人心を束ね、引っ張っていったかを探ってみたい。

上杉鷹山は一七五一年、日向高鍋藩（宮崎県）の藩主・秋月種美《あきづきたねみ》の次男として、高鍋藩江戸屋敷で生まれた。鷹山の祖母が米沢藩主であった上杉重定と従兄弟の関係にあり、重定に跡継ぎがなかったことから、鷹山は十歳で上杉家に養嗣子として入る。家督を継ぐのは鷹山が十七歳のときだが、米沢藩は莫大な借財を抱えていた。石高十五万石に対して借財二十万両。現代の貨幣価値で二百億円以上になり、小藩になっていた米沢藩にとって途方もない額だった。

借財の大きな理由は、大藩であった時代の家臣団六千名を抱えたままにしていたことで、この人件費が藩の財政を圧迫していた。江戸幕府が開かれ当初、初代藩主・上杉景勝は「まだ戦が起こる可能性がある」として多くの家臣を召し抱えるのだが、景勝のこの意向に縛られ、家臣団のリストラができなかったとされる。

そこに追い打ちをかけるように、幕府から寛永寺（上野）の普請手伝いを命じられ、工事費五万七四〇〇両を費やす。さらに大凶作に襲われ、百姓による富商宅の打ちこわし事件が発生するなど、米沢藩は深刻な事態に陥っていた。鷹山の〝養父〟である重定は藩領を返上し、あとは幕府に頼もうと本気で考えたといわれる。企業で言えば、いよいよ不渡りを出すか――といった瀬戸際であった。

そういうときに、鷹山は家督を相続して第九代藩主になるのだ。

まず、財政の引き締め。鷹山は大ナタを振るい、十二箇条からなる大倹約令を発令し、

「今日の生活を犠牲にしてでも、明日の立ち直りを考えなければならない。無駄な経費は今後十年間省略する」

と倹約の目的を書いた文書を藩士に配布する一方、自らそれを実践し、不退転の決意を示す。それまで千五百両であった藩主の江戸仕切料（江戸での生活費）を、七分の一の

二百九両に減額したうえ、奥女中を五十人人から九人に減らした。食事は一汁一菜、普段着は木綿――という倹約ぶりであったため、米沢藩の深刻な財政難は江戸町人にも広く知られていて、

《新品の金物の金気を抜くにはどうすればいい？「上杉」と書いた紙を金物に貼れば良い。さすれば金気は上杉と書いた紙が勝手に吸い取ってくれる》

といった洒落巷談が流行っていたほどだった。

この厳しい倹約令に、家臣団は改革の〝抵抗勢力〟として激しく反発した。いつの時代も、総論賛成、各論反対が常で、財政改革という総論には賛成しても、いざ自分が身を切る立場になると猛反対するものだが、鷹山が非凡なところは、自ら倹約の先頭に立ったことと同時に、「未来」に目を向けさせたことだ。ひらたく言えば、

「倹約するだけではなく、地場産業の振興を図り、農業を開発し、さらに人材を育てるため藩校を創設して学問を奨励する」

という方針を打ち出し、それを実践したことだ。

鷹山は、藩主が自ら田を耕す「籍田《せきでん》の礼《れい》」を執り行い、農業の尊さを身をもって示したことで、家臣は刀を鍬に持ち替え、荒地開発を始めた。桑の栽培と養蚕を奨励し、米沢織

として全国的に売り出す一方、製塩、製紙、製陶などを特産品化していくのだった。

ここで、私たちが鷹山に学ぶべきは、「危機における改革リーダーは、未来というポジティブな御旗を高く掲げて見せる」——ということではないだろうか。身を切る改革を民衆や社員、部下に求めるのであれば、

「その先に何があるのか」

という具体的な施策を打ち出し、実践に着手してこそ、リーダーは人の心を惹きつけるのである。

鷹山は米沢の北部に総延長三十二キロにおよぶ農業用水路を敷設したり、導水トンネルを掘るなど着々と手を打つことで田畑は潤い、藩の財政は好転していくが、鷹山は一汁一菜、綿服着用の質素な生活を続けたという。

鷹山の偉業や手法については紙幅の関係で書き切れないが、最後に鷹山の人となりを知るエピソードを紹介しておこう。正室の幸姫《よしひめ》は鷹山の二歳年下で、三十歳で早世する。彼女は脳障害、発育障害があったとされるが、鷹山は幸姫が亡くなるまで、雛遊びや玩具遊びの相手をし、仲睦まじく暮らしたという。

そういう鷹山であったからこそ、身を切る大倹約を率先してなお、平然としていられた

のだろう。当時、東北に飢饉と凶作はつきものであったことから、鷹山はそれに備えて各村に蔵を建て、毎年一人一升ずつの籾《もみ》を蓄えさせたという。鷹山の処し方から見えてくる「危機に臨むリーダー」は、自ら身を切ること、「未来」という御旗を掲げること、そして何より、本気になって部下や社員のことを考える「誠実さ」によって人心を惹きつけていることがわかるだろう。

「なせば成る　なさねば成らぬ何事も　成らぬは人のなさぬ成りけり」

という鷹山の言葉は自分に突きつけたものであり、その持つ意味は深いものがある。

神様の真髄

松下幸之助（一八九四〜一九八九）パナソニック創業者

家庭の事情で尋常小学校を中退、丁稚奉公から身を起こし、一代で松下電器産業（現・パナソニック）を築き上げた。この実績を前にして、「経営の神様」と呼んで異論のある人はいまい。

だが、経営というのは、時代という風を帆に受けて進むヨットのようなものだ。どんなに慎重に操船しようとも、気まぐれな風に翻弄され、予期せぬ突風にあおられ、前に進むことはおろか、沈没することだってある。「経営の神様」といえどもその半生をたどれば、順風に帆を張り続けてきたわけではない。暴風に見舞われ、〝松下丸〟は沈みかけたこともある。その危機を、松下幸之助は「人を惹きつける力」で乗り切っている。経営は技術であり、精神論で乗り切れるほど甘くはないが、トップに立つ人間に「優れた人格」がなければ、企業の再生も発展もない。なぜなら、組織もビジネスも、突き詰めていけば人間関係で成り立っているからである。

松下幸之助の半生については、数多の書籍があるのでここでは触れない。概要だけを記しておけば、九歳で大阪は船場《せんば》の宮田火鉢店に丁稚奉公に出され、その後、自転車店、大阪電燈（現・関西電力）に勤め、二十二歳で独立して電球ソケットの製造販売事業を始める。作業場は二間しかない自宅の四畳半を半分を使った——ということになる。血を吐くような苦労の末、事業を拡大していくのだが、人生最大の危機が二度ほどある。そのとき幸之助はどう対処したか。彼に「人を惹きつける力」がなければ、あの時点で〝松下丸〟は沈没していたかもしれない。

終戦直後のことだ。ＧＨＱは「公職追放令」によって、戦犯・軍人・戦争協力者の職場からの追放を命じた。占領政策の一環だが、幸之助はこれに引っかかった。松下電器産業は戦時中、技術指導を受けながら、中型木造船の建造や、練習用の木製飛行機の試作をしたため、これが「戦争協力」とされたのである。ＧＨＱの命令は絶対である。弁明の機会も与えられない。

幸之助は苦労して築いた会社から出て行くしかない。そうなれば、従業員たちも冷ややかに見送ることだろう。従業員は経営者に対し、常に不満を抱いているものだからだ。

ところが、何と会社の労働組合が、GHQに幸之助の処分取消を嘆願したのである。その理由は一九二九年、世界大恐慌で〝クビ切り〟の嵐が吹き荒れたとき、「従業員を路頭に迷わすことはできない」と宣言したのが幸之助だった。深刻な経営状況のなかで内部留保を取り崩し、一人たりとも解雇せず、給与も全額支給したのである。このときの恩義に労働組合は報おうとし、果たしたのである。

幸之助の従業員に対する姿勢は一貫している。一九一八年だから、幸之助が二十八歳のときだ。知人の区会議員とバッタリ出会い、昼時だったので近くのレストランに誘われ、区会議員がランチを二つ注文した。豪華なランチだった。幸之助が箸をつけない。「身体の調子でも悪いのか?」と区会議員が訝《いぶか》ると、松下は申し訳なさそうにこう答えたという。

「社員たちがいま、汗水たらして一所懸命に働いてくれていることが、ふと頭に浮かびましてね。それを思うと、私だけが、この時間、ご馳走を、と思うと、社員に申し訳なくて、よう食べんのです」

感銘した区会議員は後年、自分の商売をやめて松下電器に入ったという。

もう一つの危機は「ダンピング競争」だ。このとき松下電器は存亡の危機を迎える。

一九六四年に開催された東京オリンピックは家電ブームを巻き起こし、スーパーやデパートでダンピングが始まった。このあおりを受けたのが松下電器傘下の販売会社・代理店である。多くが赤字に転落。熱海のホテルで開かれた対策会議では「このままでは店は倒産だ」「松下の製品のみ販売してきたのに、どうしてくれる」「首吊り寸前や」――と、全国の販売会社・代理店社長たちから不満の声が続出する。生きるか死ぬかの瀬戸際だ。批難は当然だったろう。

だが、会長に退いていた幸之助は、こう反論する。

「あなたは文句を言われるが、文句を言いたいのは私のほうです。私は血の小便が出るような苦しい思いを何度もしてきたが、あなたは一度でもそういう思いをされましたか」

血の小便を流し、丁稚奉公から苦心して這い上がってきた幸之助の目には、社長たちの努力が足りないように見えたのだろう。お互いが責任を相手に求める格好になったため、有効な対策など立てられるはずもなく、会議は堂々めぐりする。

そして三日目――。いまも語り草になる幸之助のスピーチが行われる。登壇した幸之助は「みなさんをこんな目に遭わせたのは、松下が悪かったのです」と言って深々と頭を下げると、

「もう三十年も昔の話ですが、私が作った電球を持って、みなさんのお店へうかがい、『どうか販売してください』とお願いしたことがあります」

と語りだした。昨日まで「血の小便を出したことがあるか」と反論し、檄を飛ばしていた幸之助のこの態度に、社長たちは意表をつかれ、会場は水を打ったように静まり返る。

「私が『業界の横綱になれるように努力しますから』とお願いすると、みなさんは『売ってあげよう』と言ってくださいました。そのおかげで松下電器の電球は名実ともに横綱を張れるようになり、会社も大いに発展することができたのです。松下電器の今日あるのは、ひとえにみなさんのおかげなのです」

そして涙声になり、

「これは片時も忘れてはならないことなのに、私は今回の会議の間、忘れておりました。まことに申し訳のないことです。今日から松下電器は心を入れ替えて出直しますので、どうかよろしくお願いいたします」

この誠意ある態度が販売店の心を動かし、奮起させる。松下電器が創業以来の驚異的な売上げを記録するのは、それからまもなくのことだった。経営の極意は「人を惹きつける力」にあり、この力によって松下幸之助は「経営の神様」になったのである。

貫き通した「武士道精神」

今村　均（一八八六〜一九六八）ラバウル防衛隊司令官

日本を占領統治した連合国最高司令官のダグラス・マッカーサーが、「真の武士道に触れた思いだ」と感嘆した人物が、陸軍大将・今村均《いまむらひとし》である。

戦犯として禁固十年の刑で巣鴨拘置所に服役していた今村が、南方の異国で囚われの身になっている部下に思いを馳せ、「自分だけ日本にいることはできない」としてパプアニューギニアのマヌス島刑務所への移送を願い出る。助かりたい一心で保身に走る人間が多いなかで、今村は苦難の境遇を求めた。マッカーサーは驚き、感嘆し、武士道として讃え、すぐに許可を出したのだった。

禁固十年という刑期についても、戦勝国は死刑判決を目論んでいたのだが、彼が占領統治したインドネシアの現地民たちの弁護により、減刑になったのだ。「占領した側」のトップが、「占領された側」の民衆に慕われることなど、前代未聞のことであったろう。

あるいは、『ゲゲゲの鬼太郎』で知られる漫画家の水木しげるは「私の会った人のなかで一番暖かさを感じる人だった」と、ラバウルに兵士として従軍したときの印象を、自著『カランコロン漂泊記 ゲゲゲの先生大いに語る』（小学館）に記す。水木は「ピンタの王様」と渾名され、いつも上官からビンタを張られていた。その水木からすれば司令トップは雲上人であると同時に、〝恨みの象徴的存在〟であったろう。にもかかわらず、「一番暖かさを感じる人」と評する。この一語こそ、何より今村の人となりを物語っている。

今村均は一八八六年六月二十八日、仙台市に生まれる。祖父は戊辰戦争において仙台藩参謀を務める名家であったが、新政府軍に対して融和的な態度をとったため、藩内の強行派から非難を浴びて遁世《とんせい》。実家は没落する。父親は困窮のなかで育ち、やがて裁判官になって多くの子宝に恵まれるが、今村が旧制中学のときに他界。成績優秀だった今村は旧制高校へ進学するつもりでいたが、母親は経済的な不安から、全寮制で食住が保証された陸軍士官学校を薦め、難関を突破する。

問題は今村の病気――九歳まで夜尿症を患っているが、それが完治していないことだった。おもらしはさすがになくなっていたが、そのかわり夜中に何度もトイレに起きた。毎夜のことで、これが寝不足となり、講義中に居眠りをしてしまう。今村は睡眠不足に苦しんだ。睡魔が襲ってくると小刀で自分を突いたり、野外演習のときに農家からもらった唐辛子を講義中にこっそり噛んだりしもした。

肉体的なつらさもさることながら、睡魔の原因が夜尿症にあるということは、勇猛果敢を尊ぶ士官学校にあっては屈辱的で肩身が狭かったことだろう。教官たちの理解で、今村の居眠りは注意されなくなるが、このときの温情が身にしみ、のちの人格形成に大きく影響したことだろう。

しかも、これだけのハンデを背負いながら士官学校を優秀な成績で卒業し、陸軍大学校へ進んで首席で卒業。恩賜の軍刀を賜っている。「一番暖かさを感じる人」と水木しげるが語っているように、ハガネのような強靱な精神力と努力があってこそ、人間は本当の意味でやさしくなれるということか。

太平洋戦争が始まると、第16軍司令官としてオランダ領東インド（インドネシア）を攻略する「蘭印作戦」の指揮を執り、日本の最重要戦略目標であるパレンバンの油田地帯を制圧。さらにジャワ上陸作戦では、連合国約十万人の将兵を相手に九日間で無条件降伏させた。当時、無条件降伏を報じる読売新聞（一九四二年三月十日付け）は《今村将軍は仙台の士族で陸大を主席で卒業した秀才、だがその才気と不屈の闘志を温容に包む近代的武将である》と顔写真入りで報じた。

占領国は植民地に対して、強圧的な制度と態度で統治しようとするものだが、今村は違った。「民心の安定」を第一に掲げ、次の布告をした。

一、日本人とインドネシア人は同祖同族である。
二、日本軍はインドネシアとの共存共栄を目的とする。
三、同一家族・同胞主義に則って、軍政を実施する。

共存共栄など、オランダの支配下におかれてきたインドネシアの民衆は信じられない思いだったろうが、今村は具体的な行動でこれを示した。石油価格をオランダ統治時代の半額に引き下げ、学校を建設するなどインフラの整備、農業の指導、児童教育の奨励、インドネシア語を公用語とし、さらにインドネシア民族運動を容認したばかりか、独立運動の指導者であるスカルノたち政治犯を解放して資金や物資の援助をした。

当時、今村の人道的統治について、こんなエピソードが残っている。

戦争が進むにつれて日本では衣料が不足したため、政府は「ジャワの木綿を送れ」と命じたが、今村はこれを頑として拒否する。現地では死者を白木綿で包んで埋葬するという宗教的な慣習があるため、白木綿を取り上げれば反感を買い、統治に支障をきたす――というのが拒否の理由であったが、おそらく今村の気質から察して、本心は現地の人たちの宗教心を傷つけることをしたくなかったのだろう。

陸軍省軍務局長と人事局長は、地元民に対して強圧的な政策に転換するよう求めたが、今村はこれを受け入れず、「免職されるまで服従しない」と返答するなど、一身を賭すほどの硬骨漢でもあった。こうして今村の統治手法は、インドネシア独立運動の基礎を築くことになり、「今村均将軍」は現在も、インドネシアの教科書に掲載されている。

その後、今村は第8方面軍司令官としてラバウル（ニューブリテン島）に転任し、島内に田畑を作って自給自足体制を整える一方、米軍の空爆に耐える地下要塞を構築する。この状況を知った米軍は、ラバウル攻略はリスクが大きいとして、同島を回避することになる。指揮官として卓越した戦略家でもあった。

敗戦によって今村は戦勝国に裁かれるが、禁固十年の刑に服し、みずからパプアニューギニアのマヌス島刑務所への移送を願い出た経緯については、冒頭に記したとおりだ。

刑期満了で日本に帰国してから、今村は「回顧録」を出版し、印税はすべて戦死者や戦犯刑死者の遺族、元部下のために用いられた。元部下を騙って無心をする者もいたが、今村はそうと承知で拒まなかったという。今村自身は東京の自宅の一隅に小屋を建て、ここに蟄居しながら、軍人恩給だけの質素な生活を送った。責任をとって自決しようとしたが、薬が古くなっていて死ねなかったとの証言もある。

一九六八年十月四日、今村は八十二歳で逝去。この年、日本のＧＮＰ（国民総生産）はアメリカに次いで世界第二位に躍進する。日本は平和を享受し、巷には千昌夫の『星影のワルツ』や「ピンキーとキラーズ」の『恋の季節』が流れていた。今村の脳裏をよぎったものは何であったろうか。時代は移ろえども、超一流の人間が人を惹きつける魅力は、打算の対極にある温情であり、その温情は徹頭徹尾、己の信念を貫くものでなければならないことを今村の人生に見る。

イノベーターのプライドと硬骨漢

盛田昭夫（一九二一〜一九九九）ソニー創業者

盛田昭夫《もりたあきお》は、井深大《いぶかまさる》とともにソニーの創設者として知られる。二十一世紀を間近に控えた一九九九年十月三日、七十八歳で死去。米・TIME誌が選んだ「20世紀に影響力のあった経済人」「20世紀の一〇〇人」にそれぞれ日本人で唯一選ばれるなど、日本を代表する経営者の一人だ。

死去に際して、こんなエピソードがある。盛田の死から三日後の十月六日、アップル共同創業者の一人であるスティーブ・ジョブズは、デアンザ大学のフリント講堂の壇上に立って新製品の発表をした。このときジョブズの背後にある大スクリーンに映し出されていたのが、生前の盛田の姿であった。ジョブズは壇上で沈黙の後、自分が若かりしころ、ソニーからいかに影響を受けたかを語り始め、「いま、我々が取り組んでいる製品が、天国にいる彼をほほえませてくれるとうれしい」としめくくった。ジョブズが「偉大なイノベーター」であるなら、その彼が尊敬し、惹きつけられた盛田昭夫は、まさに「イノベーターのカリスマ」であり、「神話になったスター経営者」である。

ジョブズと盛田が初めて会ったのは一九七九年、ソニーの3・5インチフロッピーを初代Ｍａｃに搭載するためソニーを訪れたことがきっかけだったが、このとき盛田が新製品の「ウォークマン」をプレゼント。ジョブズはこの画期的商品に夢中になり、その場で分解したという逸話がある。またアップルが「ｉｐｏｄ」を発売した際には「これは21世紀のウォークマンだ」と自慢している。人のマネをすることが大嫌いなジョブズのこの言葉に、周囲は驚いたという。

また、ジョブズは、ジーンズと黒いイッセイ・ミヤケのタートルネックがトレードマークになっているが、これも盛田に関係する。ジョブズがソニーの工場視察をしたとき、作業員たちが同じジャンパー（ユニフォーム）を着て働いていることに目をとめ、その理由を盛田に問うと、「戦後は日本は貧しくて服がなかったため、会社が制服として支給したんです」と説明してから、

「制服は社員の絆を強くする」

といったようなことを口にした。これにジョブズは感動。アップルでも導入すべく、ソニーのユニフォームをデザインした三宅一生《みやけいっせい》に依頼する。文化の違いからか、アップルでは社員の反対で制服の導入は実現しなかったが、ジョブズは自分だけのユニフォームとして、これを生涯愛用した。それがトレードマークとなった黒のタートルネックであり、ジョブズはそれほどに、「世界を代表するスター経営者」である盛田に心酔していたというエピソードの一つとして語られる。

盛田は一九二一年一月二十六日、愛知県に生まれる。生家は代々、常滑市で造り酒屋を営む資産家であった。旧制愛知県第一中学校（現・愛知県立旭丘高等学校）、第八高等学校（現・名古屋大学）を経て大阪帝国大学理学部物理学科を卒業する。太平洋戦争のさなか、盛田は海軍技術中尉として戦時科学技術研究会で井深大と知り合い、終戦翌年の一九四六年、井深大とソニーの前身である東京通信工業㈱を設立。井深氏が技術担当、盛田が営業担当という二人三脚でスタートし、それがソニー時代になっても引き継がれていく。

一九五五年、日本初のトランジスタラジオ、さらにその二年後、世界最小のポケット型トランジスタラジオを製作する。ロゴは「ＳＯＮＹ」。「アメリカで売れるものは世界で売れる」という考えから、盛田はアメリカへ飛び、カタコトの英語で営業してまわる。ある企業が「ＳＯＮＹのロゴを削ったら購入してもいい」と条件を出したが、盛田はこう言って断っている。

「あなたの企業にはブランドがあるかもしれない。だが、五十年前はそうではなかった。私たちも五十年後にはブランドを築き上げてみせます」

このプライドと硬骨漢ぶりが盛田の魅力の一つでもある。ロゴを削れば当面のビジネスにはなったろうが、卑屈になって現実に妥協していたのでは、世界カンパニーにまで成長することはなかったかもしれない。一九五八年、社名をソニーに変更すると同時に、世界初のトランジスタテレビを発売。そして一九六一年、日本企業として初めて米国で株式公開し、二時間で完売。ここに「ソニー神話」が生まれるのだった。

ソニーの魅力は技術開発もさることながら、一種独特の社風にあり、これに学生たちはあこがれた。社風とは伝統であり、トップの哲学であり、創業以来、井深と同社を牽引してきた盛田の個性そのものと言っていいだろう。ソニーの魅力とは「盛田の魅力」であり、それが何かと言えば、入社式で盛田が語りかける次の言葉が象徴している。

「会社に忠誠を尽すよりも、自分に忠誠を尽しなさい」

「一度しかない人生、自分の幸せをソニーのなかで見つけられないと思ったら早く辞めなさい。人生で一番大事なのは自分と自分の家族なのだから」

会社のために人生を犠牲にしてはならない、自分のために働け、自分のために成果を出せ、自分の幸福と生き甲斐を最優先しろ――という盛田の人生観がソニーには脈づいていたのである。

盛田が経団連副会長になる一九八六年のことだ。三月初頭、盛田は二十日間の予定で欧米へ飛び立つ。一年の半分は日本を不在にする盛田ではあるが、この時期、副会長有力候補として人事は大詰めを迎えていた。しかも旅行の理由は、本人の弁によれば、「ワトソン（IBM会長）、ギャルビン（モトローラ会長）と私のところの三家族が集まってスキーをやろうということになっている」とのことだった。経団連人事よりも私的な交遊を優先するという盛田の徹底した生き方に、周囲は感心もし、唸りもし、さすが盛田だと惹きつけられもしたことだろう。

カリスマになれる人間は、周囲の意見に耳を傾けはするが、最後の断は自分で下す。周囲がどんなに反対しても自分の信念を貫く。結論はイエスかノー、白か黒かで、灰色の決定はない。ソニーが「ウォークマン」の販売に踏み切るとき、社内の誰もが反対した。

「録音できないテープレコーダーが売れるわけがない」というわけで、当時の常識や価値観からすれば、これは正しい。これを盛田は「自分のクビをかけてもやる決意だ」と言って断行する。盛田の嗅覚と閃きであったが、「クビをかける」と言い切れるところに、盛田が人を惹きつけるカリスマとしての魅力が見て取れる。

同じく大ヒットとなったＣＤプレイヤーを開発したときもそうだった。製造コストから計算して、価格は五万円以上にしなければ利益が出ないという報告を受けて盛田は言った。

「一般のオーディオマニアが出せる金額は三万円台だ。だから三万円台で売りだそう」

どんなに素晴らしい製品であっても、五万円以上では一般に普及しない——というのが盛田の考えであったが、コストを割ってまで売り出すなど、当時の常識では考えられないことだった。盛田は社内の大反対を押し切る。結果はどうか。ＣＤプレイヤーは大ヒットし、量産によって製造コストが下がり、利益を生むのである。

もちろん連戦連勝とはいかない。家庭用ビデオデッキの規格統一問題では、ソニーのベータ方式がＶＨＳ方式に敗れたりもするが、盛田は意気軒昂で、「イノベーターのカリスマ」としてソニーをなおも牽引し、冒頭で記したように一九九九年十月三日午前十時、肺炎のため東京都港区の病院で、縦横無尽に駆けた七十八年の生涯を終える。

部下の心を知る

仰木　彬（一九三五〜二〇〇五）　プロ野球監督

「士は、己を知る者のために死す」と故事に言う。男は自分の真価を認めてくれる人のためには命を投げ出してでも応えようとする――という意味で、これを以《もっ》て人間関係の本質とするなら、仰木彬《おおぎあきら》の人を惹きつける力は「部下の心を知る」という一語に尽きるのではあるまいか。

仰木が監督として育てた選手には、野茂英雄や吉井理人《よしいまさと》、イチロー、長谷川滋利、田口壮など錚々たるメジャーリーガーたちがいるが、彼らの全員が仰木のことを崇拝する。孤高と言われるイチロー選手ですら「僕の唯一の師匠です」と言ってはばからないし、ヤンチャで「番長」と異名される清原和博は、自身の引退試合セレモニーで「天国にいる仰木さん、自分に最後の活躍の場を与えてくれてありがとう！」と感謝の言葉を口にした。

仰木は近鉄、オリックスと通算十四年に渡って采配を振い、リーグ優勝三回、日本シリーズ優勝一回、Ａクラス入り十一回を成し遂げている。手腕は高く評価されるものの、実績ということからすれば、巨人を率いてＶ９を達成した川上哲治や、西武を八度のリーグ優勝に導いた森祇晶《もりまさあき》に遠く及ばない。だが、選手たちの人望ということから言えば、セ・パ両リーグを通じた歴代監督のなかで仰木の右に出る者はいまい。仰木を評して「名監督」と呼ぶのは、監督としての采配もさることながら、個々人の性格を見抜き、それに応じて能力を引き出し、慕われ、心酔される、その人間的魅力にある。

仰木彬は一九三五年四月二十九日、福岡県に生まれる。両親はともに教員をしていたが、父親は太平洋戦争で戦死。母親の手一つで育てられる。一九五三年、東筑高校三年のときに夏の甲子園に投手として出場し、強豪・浪商（現・大阪体育大学浪商高校）に初戦敗退。卒業後、西鉄ライオンズに入団する。当時、西鉄の監督は「魔術師」と呼ばれた名将・三原脩で、仰木の監督としての流儀は、三原の影響が色濃く現れている。

仰木は若いときから〝遊び人〟で、「グラウンドの外ではいくらでもムチャやってくれたらいい」と三原も理解を示していたが、その三原ですら「仰木と豊田（泰光）だけは遊びに制限をかけんといかん」とこぼすほどだった。

そこで入団三年目、一計を案じた三原は、毎朝、朝飯を食べに来るよう仰木に命じる。

このときのエピソードを、スポーツライターの故・永谷脩氏はこう記している。

《遊びたい盛りの若者が、ナイター明けに毎朝三原の朝食会に通うのは辛く、一日だけ遅刻したことがあった。その時、三原は朝食を食べずに待っていて、仰木が姿を見せると、仰木に対して「場末の安い酒を飲むから二日酔いをする。一流の場所で一流の酒を飲め」と、叱りもせずに小遣いをくれたというのだ。「叱ってくれるならば、『クソっ』て反発もするけれど、小遣いだからな。参っちゃったよ」仰木は後にこう語っていたが、人使いのコツはこの時代に教わったと懐古していた》(「週刊ポスト」2013年10月18日号)

怒られる——という思いは、それを抱いた時点で本人はすでに反省をしている。ところが、反省しているところへもってきて、頭ごなしに叱責されると反発心が起きる。仰木が三原監督から学んだ人間心理である。

オリックス監督時代、こんなエピソードがある。一九九四年九月十日、対近鉄戦の九回裏、同点無死満塁、一打サヨナラ負けという緊迫した場面で、仰木はドラフト一位で獲得したルーキーの平井正史投手をプロ初登板させた。平井は一人目の打者を三振に取ったものの、次の打者にサヨナラ犠牲フライを打たれてしまったのである。

平井は落ち込んだ。宿舎にもどり、仰木の待つ監督室に呼ばれたときは叱責を覚悟した。身を固くして立った平井は、仰木の次の一言に呆気にとられる。「これで新地（北新地）に行ってこい」——何と、監督賞を手渡したのである。

平井が、振り返って語っている。

「普通ならストライクも満足に投げられない緊迫した場面で、三振をとれたこと、後続の打者に打たれたこともいい勉強、と仰木さんは言いたかったのだと、後になって気づいた。あの場面で初登板できたことは、プロ生活二十一年間の大きな支えでした」

翌年、平井は開幕から抑えとして活躍し、十五勝五敗二十七セーブをあげて最優秀救援投手と最高勝率のタイトルを獲得。新人王に選出されるのだった。

平井の入団に先立つ四年前の一九九〇年、野茂英雄が近鉄に入団している。周知のとおり、日本選手としてメジャーリーグに挑戦し、トルネード投法でアメリカの野球ファンを沸かせたが、野茂が仰木と出会っていなかったなら、あの投法は矯正され、その結果、メジャーリーガーでの成功はなかったかもしれない。

野茂が入団したときのことだ。コントロールが定まらず、球団首脳からフォーム矯正が指摘された。そこで仰木が本人の意志を確かめると、矯正を拒否しただけでなく、

「調整には自信がありますから、好きにやらせてください」

と〝注文〟までつけたところ、

「よっしゃ、そのままでいい」

仰木はあっさりと言った。野茂は社会人野球で実績もある。「わかった。おまえにまかせる」――それが仰木のメッセージであり、この一言が野茂を惹きつけ、渾身の投球をさせることになる。

この年、野茂は十八勝をあげてみせる。ルーキーの主張に対して「こいつ、生意気だ」と思うか、「なかなか言うじゃないか」と太っ腹で受け止めるか。リーダーの人心収攬術とは、まさに人間としての器の大きさのことを言うのだ。

イチローの場合も同様だった。オリックスに入団して二年目、首脳は〝振り子打法〟をやめるよう指導するが、イチローはこの打法にこだわったため、二軍に落とされる。このころ「野球を辞めたい」とイチローはコーチに悩みを打ちあけていたともいう。

そこへ、監督が交代して仰木が就任してくるのだ。仰木は、イチローが徹底して〝振り子打法〟にこだわっている頑固者――という評判を耳にする。このとき仰木は「おもしろい奴だ」と思ったというから、やはり器の大きさだろう。春季キャンプで「こいつはレギュラーで使える」と直観した仰木は、〝振り子打法〟に一切の注文をつけないばかりか、徹底してレギュラーで使い続けたのである。その結果、二十歳のイチローは二百十安打、三割八分五厘という驚異の打率で首位打者を獲得するのだった。

仰木の下で選手が育つのは、それぞれの個性を認めたことだろう。自分の価値観や経験を押しつけるのではなく、選手の個性を見抜き、認め、それを最大限に伸ばしてやる。これが仰木流であり、選手が惹きつけられる力になっていく。「士は、己を知る者のために死す」とは、こういうことを言うのだ。

〝攻め〟に活路を見いだす

北野　武（一九四七〜）芸人・映画監督

二つの顔を持つ。

人気の「お笑い芸人」の顔と、ヴェネツィア国際映画祭で最高賞「金獅子賞」を受賞した「世界のキタノ監督」の顔である。これを〝両手の花〟とし、両者の中間に立つのは凡人のすることだ。彼は中間に立つことを避け、お笑い芸人の立ち位置と、芸術の匂いを発散させる映画監督の立ち位置とを行きつ戻りつする。

テレビでどんなバカなことをやっても、「世界のキタノ」というもう一つの顔があることから、笑いは嘲笑へと堕ちることはない。映画で興行的に失敗しても、「たけしのことだから」――と、世間も批評家も「お笑い芸人」の立ち位置に引きずられて寛容に評価する。「ビートたけし」と「北野武《きたのたけし》」とがキャッチボールをして見せるところが、彼の魅力の源泉ということになるだろうか。

だから「ビートたけし」と記すのと「北野武」と記すのとでは、原稿のイメージがまるっきり違ってくる。したがって本稿は、「たけし」と表記する。

たけしが、ビートきよしと漫才コンビ「ツービート」を結成するのは一九七二年のことだ。たけしは明治大学理工学部を中退し、浅草フランス座でコントの勉強をしていた。一方のきよしは浅草ロック座の劇場進行係り。たけしが二十五歳のときで、人気はまったく出ず、八方塞がりの下積み時代を送る。

人気に火がつくのは、一九八〇年代初頭の漫才ブームだ。「注意一秒ケガ一生、車に飛び込め元気な子」「気をつけよう、ブスが痴漢を待っている」「寝る前に、きちんと絞めよう親の首」「赤信号、みんなで渡れば恐くない」――など、標語をもじったシニカルな「毒ガス標語」でブレイクする。

そのころ週刊誌記者だった私は、たけしにインタビューをしたことがある。いまも鮮明に覚えているのは、寝るとき、ネタ帳を枕元に置いているという話だ。

「で、面白いフレーズが浮かんできて飛び起きてさ。すぐにネタ帳に書き込んで寝たんだけど、翌朝、読み返してみて、何だこれ、くだらねぇ、なんてさ。フレーズ？〝どこの馬の骨かわからない牛の骨〟――。くだらねえよな」

独特の語り口に私は腹をかかえて笑いながら、「枕元にネタ帳」という努力に敬服したものだ。「ビートたけし」も「北野武」も自然体の生き方が魅力の一つだが、実際は人知れず〝アヒルの水かき〟をやっているのだろう。努力の一切をせず、そこに存在するだけで人を惹きつけるのは、神様と仏様だけなのだ。

たけしはタレント生命の危機が、過去に二度ある。写真週刊誌『FRIDAY』編集部への〝殴り込み事件〟と、バイクによる自損事故で瀕死の重傷を負ったときだ。それでもたけしは危機を乗り越えていくのだが、これらを単に運の強さとして片づけるようでは人を惹きつけることはできまい。

たけしは、腹をくくって〝殴り込み〟をかけたのだ。芸人である自分はともかく、家族や友人まで執拗に追いかけ、無断で写真を撮るのは行きすぎではないか――という怒りだった。一九八六年十二月九日深夜三時過ぎ、「たけし軍団」のメンバー十一人を引き連れて「講談社へ抗議に出向いたところが乱闘となり、傷害事件として大塚署に現行犯逮捕。懲役六ヶ月、執行猶予二年の判決が東京地方裁判所で言い渡される。

本来なら、ここでたけしは消えている。社会から糾弾されて当然だ。だが、糾弾や批難の一方で、タレント生命に関わろうとも泣き寝入りはしない――という腹のくくりに対して、「たけし、やるじゃないか」という称賛の声もあった。メディアが「言論の自由に対する挑戦だ」と大上段に振りかざせば振りかざすほど、「写真週刊誌もやりすぎじゃないのか」という批判の声も起こり、それにつれてたけしの評価は上がっていった。

つまり、人生を棒に振る覚悟でとった行動は、人を惹きつける力があるということなのだ。芸能人や政治家は昨今、ちょっとしたことですぐに訴訟を起こし、「正義は我にあり」と主張するが、共感する人は少なく、世間はシラケるばかり。「人生を懸ける」という覚悟のないパフォーマンスは、人を惹きつけるどころか嘲笑されるだけなのである。

たけしと一緒に逮捕されたガダルカナル・タカは、往時を振り返る「たけし軍団」の証言集『我が愛と青春のたけし軍団』（双葉社）のなかで、こんなエピソードを紹介してる。

《取調室に行く途中、大塚署の暗い廊下を歩いているとき、たけしさんはちょっと振り返るようにして俺らのほうをチラッと見ると、ボソッと小声で言った。

「悪かったたな。お前らには感謝してるぜ……」

後にも先にもたけしさんから感謝してるなんて言われたのは、そのときだけだ。

そして、たけしさんは続けて、

「お前らのことは一生、面倒見るからよ」

胸がジーンとなった。その言葉だけで俺らは全員、

「もう、どうなってもいい」

本気でそう思った。》

たけしはこういう男なのだ。

そして事件から三年がたった一九八九年、映画『その男、凶暴につき』でたけしが主演と監督を務め、高い評価を得て、新境地を開くことになる。演じる主人公は「凶暴な刑事」。もし〝殴り込み事件〟がなければ、果たしてたけしに主役がまわってきたかどうか。腹をくくった〝殴り込み事件〟によって、軍団の心を捕らえ、さらに「北野武」が誕生する。

バイクによる自損事故で瀕死の重傷を負うのは、それから五年後の一九九四年八月二日午前一時四十分のことだった。酒気帯び運転で新宿区内を走行中、自損事故を起こし、東京医科大学病院に救急搬送される。奇跡的に一命はとりとめたものの、顔がつぶれ、復元のため顔や頭にたくさんのチタン合金が埋め込まれた。眼球も動かないので、左右の焦点が合わずに、モノが二重に見える。顔面に麻痺も残った。人前に出るのが仕事の芸能人としては、ここで人生は終わる。いや、芸人でなくても人生を悲観して家に閉じこもるので

はないか。

ところが、たけしは敢然と〝逆張り〟に出た。入院から五十六日目、記者会見を開き、歪んだ自分の顔をテレビカメラの前にさらして見せたのだ。

その理由について、たけしは自著『全思考』（幻冬舎）のなかで書く。

《そんな状態でも記者会見をしたのは、一刻も早く世間を騒がせた詫《わ》びをするというつもりもあったけれど、それ以上に、歪んだ顔を早く人前に晒してやりたかった。どうだ、こんなになっちまったぞ。見てみやがれ。ケンカを売るつもりはさらさらないが、隠し撮りなんかされる前に、自分から堂々と見せてやろうと思ったのだ。》

二流は守りに入り、超一流は攻めに活路を見いだす。隠せば世間は同情を装った好奇の視線を向け、堂々とさらせば勇気に拍手を送る。この人間心理を熟知するたけしならではの〝攻め〟であった。

記者会見から三年後の一九九七年、「北野武監督」の映画『ＨＡＮＡ－ＢＩ』が第54回ヴェネツィア国際映画祭で最高賞「金獅子賞」を受賞する。日本作品として実に四十年ぶりの栄誉であった。

脆弱組織における強烈な牽引力

澤　穂希（一九七八〜）女子サッカー選手

リーダーには、次の三タイプがある。

一、率先垂範で、部下をグイグイ引っ張っていくタイプ

二、後方支援をガッチリ固め、〝踏み台〟になって部下を伸ばすタイプ

三、命令ばかりして自分は何もせず、部下に責任を押しつけるタイプ

三番目のタイプは、人間的魅力ということにおいては論外だが、ピラミッド状に完成された組織では、組織自体が強力な機能を持っているため、上司の能力はそれほど大きく影響はしまい。

二つ目の〝後方支援タイプ〟は、大企業や完成された組織など安定した基盤においては力を発揮するが、中小企業や、未完成で基盤の脆弱な組織では埋没してしまう。こう考え

ていくと、新しい組織、未完成の組織に求められるリーダーは、一番目のタイプで、部下を惹きつける魅力と、強烈な牽引力を併せ持った人間ということになる。

その代表の一人が、澤穂希《さわほまれ》だ。「なでしこジャパンの顔」であり、アジア人史上初の「FIFA最優秀選手賞」受賞者。サッカー日本女子代表では歴代トップの出場数とゴール数を記録している。平成二十七年にカナダで開催されたFIFA女子ワールドカップで、澤は六度目の出場となり、これは男女を通して世界史上最多出場選手となる。佐々木則夫監督は、同大会に澤を選出した理由について、「澤のプレーは小手先でなく90分集中して戦っている。なでしこの姿勢そのものであり（選手の）模範である」

とコメントしたが、澤を語るキーワードは、まさに「模範」の二文字である。

二〇〇四年四月二十四日、アテネ五輪の出場権をかけて北朝鮮女子代表と戦ったときのことだ。当時、女子サッカーは人気低迷に加え、バブル崩壊の影響でリーグ脱退が相次いでいた。前回のシドニー五輪に続いて出場を逃せば、女子サッカーは壊滅するかもしれない。対北朝鮮戦は女子サッカーの命運が懸かっていた。このときエースの澤は右膝を痛めていた。半月板を損傷し、包帯が巻かれている。プレーできる状態ではなかったが、澤は患部に痛み止めの注射を打ち、座薬まで使って国立競技場のピッチに立ったのである。

だからといって、澤は選手たちに檄を飛ばしたわけではない。行動で示した。キックオフ直後、ボールを持つ北朝鮮の選手を吹っ飛ばし、この気魄のワンプレーで日本選手が奮い立った。結果、三対〇で快勝。アテネ五輪出場の切符を手にする。そして、日本サッカー協会幹部は女子イレブンのひたむきな姿に感動し、愛称「なでしこジャパン」が公募されるきっかけになるのだった。

あるいはアテネから四年後、二〇〇八年の北京五輪──。三位決定戦を前にしたロッカールームで、澤は選手たちに、こう告げる。

「苦しくなったら私の背中を見て」

みんなだけじゃなく、私だって苦しい。だから一緒に頑張ろう──と伝えたのだった。

この言葉に、「なでしこジャパン」の司令塔であった宮間あや選手は胸が震え、「あの言葉は今でも忘れることができません」と当時、二十三歳だった彼女は後日のインタビューで語っている。三位決定戦は惜しくも敗れるが、シドニー五輪でベスト8、次の北京五輪でベスト4、そして五輪と並ぶＦＩＦＡワールドカップで悲願の頂点に立ち、次のロンドン五輪で銀メダルを手にする。

だが、澤が傑出しているのは、「自分という人間はリーダーとしてどうあるべきか」ということを考え、それに従って行動していることではないだろうか。「智」に裏打ちされた「行動」ということだ。先頭に立って、ただガムシャラに突っ走るのは猪突猛進――イノシシ的リーダーに過ぎず、そのバイタリティに部下は感心はしても惹かれることはない。

澤は、リーダーというものについて、自著『負けない自分になるための32のリーダーの習慣』（幻冬舎）に、こう記している。

《自分の理想のリーダー像は、やっぱりみんなが信頼してついていけるリーダーです。やっぱりこの人についていきたいって思えるような人になりたいと思います。いろいろなタイプのリーダーがいると思いますが、私はそもそも、言葉を巧みに使って選手を引っ張っていくタイプではありません。スポーツの世界でも、積極的に声を掛けてリーダーシップをとる人と、私みたいにフィールドの中で自分のプレーで引っ張るタイプに分かれていますよね。私自身、やっぱり自分のプレーをしっかりピッチで表現して、その結果チームを牽引できればいいという思いがあります。》

《苦しいけれど、自分がそこでさらにがんばって、みんなより走り続ける。これが私にとって一番大事な、リーダーとしての仕事だと思っています。サッカーの試合は90分。どんなに辛くても。その最後の最後、試合終了の笛が鳴る瞬間まで、走り続ける。私は、そ

の背中を見て、若い選手たちが何かを感じてくれればいいと思って、いつもプレーしています。》

自分の性格やタイプを勘案した上で「理想のリーダー象」を描き、演じ、見事に若手を引っ張っているということになる。

小学二年のとき、地元・東京都府中市でサッカーを始め、一九九三年、十五歳で日本女子代表に招集される。デビュー戦で四得点を挙げ、ベストイレブンに選ばれる。一九九九年、帝京大学を中退して渡米すると「コロラド・デンバー・ダイアモンズ」「アトランタ・ビート」で活躍。帰国後の活躍は周知のとおりだ。

「サッカーの神様などいない。頼れるのは自分だけ」

「なにかにぶつかるときは、なにかを越えなければいけないときだと思います。それは自分が成長するために絶対に必要なことですし、チャンスでもあります」

「苦しい思いをすると、同時にもっとやれる自分が見えてくる」

こうした言葉をさらりと口にできるところに、澤の人間に対する深い洞察力と、人を惹きつける魅力が見て取れるだろう。二〇一五年八月、澤は、元・ベガルタ仙台の辻上裕章と入籍したことを発表。第二の人生をスタートさせる。

引用・参考文献

『散るぞ悲しき――硫黄島総指揮官・栗林忠道』(梯久美子著/新潮文庫)
『昭和の名将と愚将』(半藤一利+保阪正康著/文春新書)
『仰木彬「夢実現」の方程式：野茂、イチローらを育てた男の実像』(永谷脩著/イースト・プレス)
『人を見つけ人を伸ばす』仰木彬(二宮清純著/光文社カッパブックス)
『Ｖｏｉｃｅ』２０１５年2月号
『経済界』(２０１2年2月7日号)Ｗｅｂ『スポーツコミュニケーションズ』二宮清純「フットボールの時間」
『夢をかなえる』(澤穂希著/徳間書店)
『負けない自分になるための32のリーダーの習慣』(澤穂希著/幻冬舎)
『本田宗一郎　夢を力に　私の履歴書』(本田宗一郎著/日経ビジネス人文庫)
『日本経済新聞「私の履歴書」名言録』(石田修大/三笠書房)

『「人望力」の条件』(童門冬二/講談社α文庫)
『愛のコムスメ操縦術 彼女たちをやる気にさせる方法』(小出義雄著/集英社)
『育成力』(小出義男著/中公新書ラクレ)
『私の履歴書　経済人29』(日本経済新聞社)
『代表的日本人』(内村鑑三著、鈴木範久訳/岩波文庫)
『文藝春秋SPECIAL　日本の郡市100人』(2013年季刊冬号)
『カランコロン漂泊記 ゲゲゲの先生大いに語る』(水木しげる著/小学館)
『広告の鬼・吉田秀雄』(片柳忠男著/オリオン社)
『われ広告の鬼とならん』(船越健之輔著/ポプラ社)
『なでしこ力 さあ、一緒に世界一になろう!』(佐々木則夫著/講談社文庫)
『男の「行き方」男の「磨き方」』(童門冬二著/PHP文庫)
『上杉鷹山の経営学』(童門冬二著/PHP文庫)
『継続する心』(山本昌著/青志社)
『133キロ怪速球』(山本昌著/ベースボール・マガジン社新書)
『新装版　迷ったときは前に出ろ!』(星野仙一著/青志社)

『「人望力」の条件』（童門冬二著／講談社＋α文庫）
『図解　早わかり！　親鸞と浄土真宗」（早島大英慣習／三笠書房）
『できるヤツの和忍断　大沢親分のビジネス渡世哲学』（大沢啓二著／双葉社）
『球道無頼』（大沢啓二著／集英社）
『我が愛と青春のたけし軍団』（ガダルカナル・タカ（監修）・たけし軍団編集／双葉社）

向谷 匡史（むかいだに ただし）
1950年広島県呉市生まれ。拓殖大学卒業後、週刊誌記者を経て作家に。浄土真宗本願寺派僧侶、日本空手道「昇空館」館長にして保護司の顔も持つ。近著に、『人は理では動かず情で動く 田中角栄 人心収攬の極意』ベストブック(2015.6)『人生の「今」を大切にする もうひと花の咲かせ方』祥伝社(同.9)『ヤクザは人を5秒で9割見抜く 成功を呼ぶ〝対人センサー〟の磨き方』悟空出版(同)など多数。〈向谷匡史HP〉http://www.mukaidani.jp/

超一流人物に学ぶ
人を惹きつける力

2015年11月14日 第1刷発行

著　者	向谷 匡史
発行者	千葉 弘志
発行所	株式会社ベストブック 〒106-0041 東京都港区麻布台3-4-11 麻布エスビル3階 電話03（3583）9762（代） http://www.bestbookweb.com
印刷・製本	中央精版印刷株式会社
装　丁	株式会社クリエイティブ・コンセプト

ISBN978-4-8314-0202-8 C0036